MANUEL
DES
GARDES
DES
EAUX ET FORÊTS

MANUEL
DES
GARDES
DES
EAUX ET FORETS,
OU
INSTRUCTION
A L'USAGE
DES GARDES DE BOIS, CHASSE ET PÊCHE,

Tant du Roi que des Seigneurs & Gens-de-Main-morte.

Par un Officier des Eaux & Forêts.

A PARIS,

Chez DELALAIN, le Jeune, Libraire, rue St. Jacpues.

M. D. CC. LXXXIV.

Avec Approbation & Privilége du Roi.

AVERTISSEMENT.

IL est peu de Maîtrises où les Officiers ne se plaignent du mauvais service qu'y font les Gardes, ce qui provient du défaut d'instruction dans la plûpart. Presque tous ont entre les mains l'Instruction qu'avoit faite pour eux M. de Froidour; mais peu en profitent, parce que cet Ouvrage trop profond par lui-même, n'est pas assez à leur portée; d'où il arrive que n'en faisant aucun usage, ils sont privés des connoissances qu'ils devroient avoir pour remplir avec exactitude leurs fonctions. Délà les négligences, les omissions & l'impunité qui donnent lieu à un si grand nombre de Délits.

Pour arrêter un abus aussi préjudiciable au service des Eaux & Forêts, il ne s'agit que de mettre sous les yeux des Gardes, un précis simple de tout ce qu'ils ne doivent pas ignorer rélativement à l'exercice de leurs fonctions; & pour leur rendre plus familieres les connoissances qu'ils sont obligés d'avoir, nous avons pensé qu'il étoit à propos de les renfermer dans des réponses courtes aux questions qu'on leur feroit sur cela, parce que c'est là assez ordinairement la forme de l'examen qu'ils ont à subir avant que d'être reçus.

Nous avons divisé en trois Chapitres ce petit

Ouvrage, le premier renferme un extrait des devoirs généraux des Gardes. Une simple lecture répétée deux ou trois fois suffira pour leur donner une notion de tout ce qu'il contient.

Le second qui est le plus important, comprend tout ce qu'un Garde doit savoir pour remplir avec exactitude ses fonctions ; nous avons fait ensorte de n'y omettre aucune des questions sur lesquelles il doit être instruit, & nous nous sommes attachés à n'en pas présenter de superflues, afin de ne pas surcharger mal-à propros sa mémoire, aussi avons-nous abregé autant qu'il nous a été possible, les réponses ausquelles il doit satisfaire dans un examen, sans cependant altérer l'essence des instructions qu'elles présentent.

Comme il est beaucoup d'objets qui tiennent aux ordres particuliers que les Gardes reçoivent des Officiers, nous les avons retranchés, parce que l'usage seul suffit pour les en instruire. De ce nombre sont, les Balivages, Martelages, Délivrances, tout ce qui précéde les Ventes & Adjudications, les Visites des Officiers, &c. Nous avons pensé que pour mieux remplir notre objet, il étoit à propos de resserer le plus qu'il seroit possible cette courte Instruction, qui par-là devient plus facile à retenir.

Un Garde trouvera dans ce second Chapitre tout ce qu'il ne peut se dispenser de savoir, sur ce qui concerne directement l'exercice de ses fonctions, & sur les formalités que doivoient renfermer ses Procès-verbaux dont on présente quelques modéles, qui penvent servir pour tous ceux qu'il a à dresser.

Pour étendre les connoissances que doit avoir un Garde, nous avons placé dans le troisiéme Chapitre, un Tarif des peines attachées aux différens Délits, qui peuvent se commettre dans les Eaux & Forêts; l'ordre alphabétique que nous avons choisi pour cela, donnera beaucoup de facilité pour trouver sous chaque mot, l'objet du Délit & la peine que la Loi prononce. Par-là on réunit dans ce petit Ouvrage, un extrait de tout ce qui concerne, dans l'usage, le service des Eaux & Forêts, ce qui peut le rendre utile aux Officiers à qui il servira de petit Code portatif.

Pour remplir l'objet de cet Ouvrage, il faut qu'un Sujet, qui aspire à être reçu pour Garde, soit avant toutes choses examiné sur le second Chapitre, & qu'il réponde avec intelligeuce aux différentes questions qu'il renferme; par-là on sera assuré de n'admettre que des Gardes instruits. A l'égard de ceux qui sont déjà reçus, mais qui n'ont pas les connoissances qu'ils devroient avoir, ou peut leur donner un Délai dans lequel ils viendront tour à tour subir le même examen, en les prévenant d'une suspension d'apointemens, pour tous ceux qui n'y auront pas satisfait. Par-là on réussira à rétablir le service trop négligé jusqu'à présent de leur part dans beaucoup de *Maîtrises*, & l'on aura des Gardes qui seront instruits.

Pour mieux soutenir leur exactitude, il ne

feroit peut être pas hors de propos d'établir parmi eux une discipline semblable à celle qui a lieu pour les Gardes des Fermes, rélativement à l'ordre, à la correspondance, à la vigilance & à l'activité du service. La Partie des Eaux & Forêts est assez précieuse à tous égards, pour mériter sur cela une attention particuliere,

Les Seigneurs qui sont intéressés à maintenir dans leurs Terres la Police des Eaux & Forêts, pourront s'en procurer la facilité en mettant cet Ouvrage entre les mains de leurs Gardes, qui y trouveront toutes les instructions qui leur sont nécessaires.

Nous croyons devoir observer que pour abréger & éviter les répétitions dans le troisiéme Chapitre, nous nous sommes contentés de citer les Titres & Articles de l'Ordonnance de 1669, sans rappeller à chaque citation qu'elle étoit tirée de cette Ordonnance. De même quand nous parlons d'une défense simplement faite sous peine d'amende, il faut entendre une amende qui est laissée à la volonté du Juge.

Vû permis d'imprimer, à Stenay ce 26 Mars 1784.

DE CLEVES DES AVAUX,
Prévôt & Juge de Police.

OUVRAGES.

Du même Aueeur.

Code des Seigneurs dont la troisiéme Édition est de 1781, & se trouve à Paris chez Nyon, l'aîné, rue du Jardinet, 1 volume.

Principes de Jurisprudence sur le Droit de Chasse & Pêche, chez Berton, rue St. Victor, 1775, 1 Volume.

Observations sur l'aménagement des Bois, à Paris, chez Delalain, le jeune, rue S. Jacques, & à Verdun, chez Christophe, 1781. 1 Volume.

Code Pénal des Eaux & Forêts, chez les mêmes, 1781. 2 Volumes.

Dictionnaire raisonné sur le Droit de Chasse, ou nouveau Code des Chasses, dans lequel on a réfondu en entier les Principes de Jurisprudence sur le Droit de Chasse, sous presse, 2 volumes.

Traité des Grueries Seigneuriales, qui va être mis sous presse, 1 Volume.

TABLE DES CHAPITRES ET DES SECTIONS.

MANUEL DES GARDES DES EAUX ET FORÊTS.

CHAPITRE PREMIER.

DES GARDES

Et de leurs Devoirs généraux.

LES Bois étant de premiere nécessité dans la plûpart des besoins de la vie, la Pêche renfermant un objet d'utilité dans son usage, & la Chasse n'ayant rien que de noble & même de salutaire dans l'exercice qu'elle procure, & dans le plaisir qu'elle présente ; il étoit important de pourvoir à la conservation de ces trois Objets intéressans.

Les Ordonnances & les Réglemens rendus sur le fait des Eaux-&-Forêts, paroissent ne rien laisser à desirer sur cela; mais pour remplir le vœu de la Loi, il falloit tenir la main à son exécution; pour cet effet, on a établi des Gardes que l'on a chargé d'y veiller directement sous les ordres & l'inspection des Officiers.

Sans cette précaution, les Bois abandonnés à la foi publique, auroient été exposés à un pillage continuel; la Pêche livrée à la discrétion de tout le monde, auroit donné lieu à une diminution considérable des différentes espéces de Poissons, si l'on n'en avoit pas restreint l'usage; la Chasse enfin, auroit produit de très-grands désordres, si l'on n'en avoit pas borné l'exercice à la Noblesse & aux Seigneurs des Terres.

Pour donc assurer l'exécution de tout ce que prescrivent les Ordonnances sur la conservation de ces trois Objets, il falloit en charger des surveillans qui y tinssent exactement la main : c'est ce qui a donné lieu à l'établissement des Gardes. On juge délà combien leurs fonctions ſont importantes, & quelle attention on doit apporter dans le choix des Sujets que l'on prépoſe pour les remplir.

Un bon Garde doit être homme de bien, frugal & intrépide ſans être téméraire : il faut auſſi qu'il ſoit exact, actif, prudent & inteligent.

L'Ordonnance ne fixe pas l'âge que doit avoir un Garde, ainſi il ſembleroit qu'on doit ſuivre ſur cela, la régle qui veut qu'on ne puiſſe exercer de fonctions publiques avant vingt-cinq ans; cependant il paroît qu'il peut entrer en exercice à vingt-deux ans, ſuivant l'Édit de Mai 1708, qui en créant des Offices des Gardes-généraux, porte que toutes perſonnes pourront en être pourvues à cet âge.

Un Garde doit être reçu à la Capitainerie ou à la Maîtriſe dans laquelle il eſt établi, après toutes-fois, qu'il a été fait une information de ſes vie & mœurs, à la requête du Procureur du Roi. Il doit profeſſer la Religion catholique, apoſtolique & romaine, qui eſt la ſeule admiſe dans le Royaume : il faut auſſi qu'il ſoit né François, ou au moins naturaliſé par lettres du Roi, s'il eſt étranger, parce qu'en général, les Aubains ne ne peuvent posséder aucune sorte d'Office, ni faire aucune fonction publique dans le Royaume.

Après l'information, les Officiers reconnoissent si le Sujet qui se présente sait lire & écrire, car s'il ignoroit l'un ou l'autre, il seroit hors d'état de remplir les fonctions de Garde; soit parce qu'il ne pourroit pas s'instruire de ce qu'il ne doit pas ignorer, soit parce qu'il seroit incapable de dresser un procès-verbal.

Comme il est nécessaire qu'il soit instruit de tout ce qui concerne ses fonctions, on doit l'interroger & l'examiner sur les dispositions de l'Ordonnance & des Réglemens; car il ne seroit pas raisonnable d'admettre dans un état, un homme qui en ignore les devoirs... Nous en présenterons un précis dans le Chapitre deuxiéme.

On obligeoit autrefois les Gardes à donner une caution de trois cent livres, pour sûreté des amendes & restitutions dont ils pourroient devenir responsables à l'avenir; mais on néglige aujourd'hui cette précaution, il ne seroit cependant pas peut-être hors de propos d'en rétablir l'usage, parce que cela contribueroit à rendre les Gardes plus attentifs & plus exacts.

Après que les formalités préliminaires dont nous venons de parler, sont remplies, on reçoit le serment du Garde, qui s'engage à remplir avec honneur & probité, les devoirs de son état, ensuite il entre en fonctions.

Aussi-tôt qu'un Garde est reçu, il ne doit plus s'occuper que de ce qui regarde son état; c'est pour cela qu'il lui est défendu de tenir cabaret, d'exercer aucun métier où l'on employe du bois, d'en faire aucun commerce par association directe ou indirecte avec les Marchands, & de boire avec aucun délinquant, à peine de cent livres d'amende & même de destitution en cas de récidive. *Ord. de 1669. Tit. 10. Art 12.*

Suivant l'Article 9. du même Titre, les gardes sont responsables de tous les délits & abroutissemens qui se trouvent dans les bois dont ils sont chargés, & comme tels, ils doivent être condamnés aux mêmes amendes que les délinquans, faute d'en avoir fait leur rapport contre eux, motif qui doit les engager à porter la plus grande attention sur les bois confiés à leur vigilance.

Les fonctions des Gardes exigent la plus constante assiduité, il leur est défendu de s'absenter sans permission expresse du Maître-particulier & du Procureur du Roi; & cela, pour qu'on les fasse substituer; lorsqu'ils tombent malades, ils doivent de même en donner avis. .... *Ibid. Art. 6.*

Pour être plus à portée de donner leur attention à toutes les parties ausquelles ils doivent veiller, & singuliérement aux Forêts, l'Ordonnance exige, Arrticle 11, qu'ils en résident à une demie lieue.

Un Garde doit s'attacher à bien connoître les limites ainsi que les bornes de chaque canton des forêts. Pour acquérir sur cela, les connoissances nécessaires, & prévenir les difficultés que produit souvent le déplacement des bornes, il doit tous les trois mois, déposer au greffe de la Maîtrise un procès-verbal du nombre des bornes qui environnent & séparent les bois dont il est chargé, ainsi que de l'état des fossés & expliquer les défauts qu'il y a remarqués: le tout à peine d'en demeurer responsable & d'être punis d'amende, & même de destitution. *Ibid. Art. 10.*

Il eſt obligé de tenir un regiſtre qui conſtate l'exercice journalier de ſes fonctions, il doit être toujours en état de le repréſenter comme une preuve de ſon exactitude : ce regiſtre qui doit être paraphé par le Maître-particulier, & par le Procureur du Roy ; doit contenir par ordre, tous les rapports qu'il a faits, & les Procès-verbaux qu'il a dreſſés ; le nombre, l'eſpéce & le pied-de-tour des arbres & balivaux réſervés dans les Ventes de ſon cantonnement ; la qualité & la valeur des chablis : enfin, une notice de tous les actes relatifs à ſes fonctions.

Il eſt important qu'un Garde connoiſſe toutes les perſonnes reſidentes dans l'étendue & les environs de ſon cantonnement, & ſur-tout les délinquans & les braconiers, afin qu'il ne faſſe aucune mépriſe dans les rapports qu'il dreſſera : il doit principalement s'attacher à ne pas avoir des heures réglées pour faire ſes tournées, les délinquans n'en ayant pas pour commettre les délits.

Comme l'établiſſement des Gardes a eſſentiellement pour objet, plûtôt la conſervation des Bois, Pêche & Chaſſe que le profit des repriſes, un Garde ſeroit bien coupable si par quelque manœuvre, telle qu'elle fut, il donnoit lieu à un particulier de commettre des délits, pour avoir occasion de faire un rapport contre lui; car le mérite d'un bon Garde, ne consiste pas à faire beaucoup de rapports; mais seulement à empêcher par une vigilance exacte, tous delits dans l'étendue de son arondissement.

Les Gardes doivent faire alternativement le service aux Audiances de la Maîtrise, & celà, dans l'ordre qui leur est prescrit par les Officiers. *Ibid Art.* 8. En y assistants assiduement, ils se fortifieront dans les connoissances qu'ils ont sur l'exercice de leurs fonctions; ils y apprendront à remplir exactement les formalités de leurs rapports; parce qu'il arrive souvent que les délinquans n'ayant pas de moyens solides pour se défendre, s'attachent à attaquer la forme de rapports faits contre eux.

Pour écarter les Gardes de la tentation de chasser, on leur à interdit en général, le port du fusil, l'Ordonnance ne leur permet que le port du pistolet; il y a cependant beaucoup de Départemens où ils ont la liberté de porter le fusil;

mais s'ils en abusent pour chasser ou pour tirer sur tel gibier que ce soit; ils peuvent être punis par amende, destitution, ou bannissement, & même de punition corporelle s'il y a lieu. *Art.* 14. Parce que c'est de leur part, un abus de confiance, en ce qu'ils détruisent ce qu'ils sont chargé de conserver.

Ils ne doivent pas avoir à leur suite, des chiens dont le cri peut les déceler, & leur empêcher de prendre sur le fait les délinquans.

Un Garde qui exerce ses fonctions, doit toujours avoir sa Bandouliere & la porter d'une maniere apparente, parce que cela annonce sa qualité, que sans cela on peut meconnoître : si faute d'être revêtu de cette marque extérieure, il avoit éprouvé quelques violences, il n'y auroit pas lieu de les considérer comme l'effet d'une rébellion.

Un Garde qui a été interdit ne peu exercer aucune fonction.

Comme les Gardes sont assez sujets à se ralentir sur l'exctitude de leur service, & que ce relachement peut produire beaucoup d'inconveniens, les Officiers doivent tenir la main à ce qu'ils soient surveillés par le Garde-général, qui doit être un homme intelligent & très-actif.

Ses fonctions sont à peu près les mêmes que celles des Gardes à pied, avec cette différence seulement, qu'ordinairement ceux-ci ont un canton circonscrit sur lequel ils sont obligés de veiller plus singuliérement & qu'ils sont responsables des délits qu'ils n'y ont pas constatés, sans cependant être dispensés de porter aussi leur attention sur les cantons voisins, lorsque les circonstances l'exigent : au lieu que la vigilence du Garde-général doit embrasser tous les cantonnemens de la Maîtrise où il est établi, pour y tenir les Gardes ordinaires dans leurs devoirs, & leur prêter main forte dans le besoin; tellement qu'il doit visiter les différens cantonnemens pour reconnoître si chaque Garde est assidu dans le sien, & s'il a fait exactement des rapports de tous les délits qui s'y sont commis; ensorte, que s'il en trouve quelques uns que le Garde n'ait pas constaté par un Procès-verbal contre ceux qui en sont coupables, il doit lui-même en dresser un procès-verbal, sur lequel on ne manquera pas de condamner le Garde négligent.

Après avoir parlé en géneral, des Devoirs des Gardes des Eaux-&-Forêts, Nous allons présenter dans le Chapitre suivant un précis de tout ce qu'ils ne doivent pas ignorer pour faire exactement leur service.

CHAPITRE II.

QUESTIONS

Sur les objets principaux dont les Gardes doivent être instruits.

Demande. Q*UEL est l'objet des fonctions d'un Garde ?*

Réponse. C'est de veiller sur les Bois, sur la Chasse & sur la Pêche, de maniere qu'il ne s'y passe rien de contraire aux Ordonnances, sans le constater par un Procès-verbal contre les contrevenans.

SECTION PREMIERE.

DES BOIS.

D. S*URQUOI doit se porter la vigilance d'un Garde, relativement aux Bois ?*

R. Sur les Exploitations, les Abroutissemens, & les Délits.

D. *Que doit-il faire lors de l'aſſiette d'une coupe à exploiter?*

R. Il doit veiller à ce que l'Arpenteur ne faſſe pas ſes routes plus larges que de trois pieds, & à ce que perſonne n'en enléve le bois.

D. *A quoi doit il tenir la main, avant que les Marchands n'entrent en exploitation?*

R. Il ne doit pas laiſſer commencer les exploitations, que les Marchands ne lui aient repréſenté le certificat de contentement du Receveur : il faut de plus, qu'il ait ſur ſon regiſtre le nombre, l'eſpéce & le pied-de-tour de tous les arbres & balivaux réſervés, afin de reconnoître ſi l'on n'en coupe aucun; à cet effet, il doit chaque jour viſiter la Vente.

D. *Que doit-il empêcher dans les exploitations?*

R. Qu'on n'y coupe hors du tems permis, c'eſt-à-dire, depuis le quinze d'Avril juſqu'au quinze d'Octobre, il doit de même empêcher les ouvriers de s'y ſervir de la ſerpe pour abattre; mais ſeulement de la hache; veiller à ce qu'on n'outrepaſſe pas les pieds-corniers : il faut de plus, qu'il faſſe ravaler les ſouches, de maniere qu'elles n'excédent pas la ſuperficie de la terre.

D. *Doit-il laiſſer aux ouvriers la liberté d'emporter du bois des Ventes où ils travaillent ?*

R. Non, cela eſt défendu à peine de cinquante livres d'amende, quand même les Marchands l'auroient permis.

D. *Eſt il libre aux Marchands de pratiquer à volonté des chemins, dans leurs Ventes, pour la ſortie des bois ?*

R Non, on doit au contraire, les empêcher de les multiplier, & un Garde doit tenir la main à ce qu'ils n'en pratiquent que de néceſſaires, & dans les endroits les moins dommageables.

D. *Les ouvriers peuvent ils établir les fauldes ou places à charbon par tout où ils veulent dans une Vente ?*

R. Cela ne leur eſt pas permis, ils ne doivent même les faire que dans les endroits les plus vuides & les plus éloignés des arbres, ſans quoi, les Marchands ſont reſponſables de ceux que le feu ou la fumée auroit fait périr.

D. *Les Voituriers ont ils la liberté de dételer & de laiſſer pâturer leurs beſtiaux dans les Ventes où ils viennent charger du bois ou du charbon.*

R. Non, cela est défendu à cause des Abroutissemens qui en résulteroient.

D. *Les Marchands peuvent ils faire travailler en tous tems dans leurs Ventes?*

R. Il leur est défendu d'y faire travailler pendant la nuit, ni les Fêtes & Dimanches.

D. *Les Marchands peuvent-ils faire pêler sur pied les arbres de leurs Ventes, qu'ils ont la liberté de faire couper?*

R Non, cela est défendu à peine de confiscation & d'amende.

D. *Les Marchands peuvent-ils établir des atteliers dans les cantons voisins & hors de leurs Ventes?*

R. Cela leur interdit sous pareille peine d'amende & de confiscation.

D. *Quelle attention doit avoir un Garde pour les bois qui sortent des Ventes?*

R. Que les arbres soient marqués du marteau du Marchand, sans cela, il peut les confisquer.

D. *Si pendant l'exploitation un arbre coupé tombe & reste encroué sur une Réserve, que doit faire un Garde?*

R. Il doit empêcher qu'on coupe l'arbre sur lequel il y en a un d'encroué, jusqu'à ce qu'on lui représente la permisſion du Grand-Maître ou des Officiers ; ſi on l'avoit coupé avant cela, il doit le ſaiſir & en dreſſer un Procès-verbal.

D. *Un Garde peut il recevoir quelque choſe du Marchand, ſoit avant, ſoit après l'adjudication ?*

R Cela lui eſt interdit à peine d'amende & de deſtitution ; il doit même veiller à ce que les Marchands ne faſſent entre eux, aucune choſe capable d'empêcher les enchères lors de la vente.

D. *Quelle meſure les Marchands doivent ils donner au bois de chauffage qu'ils font façonner dans leurs Ventes ?*

R. La corde doit avoir huit pieds de long & quatre de haut, & les bûches trois pieds & demie de longueur y compris la taille.

D. *Les Gardes doivent-ils tenir la main à ce que les Marchands ſe conforment à cette meſure ?*

R Oui, parce que c'eſt un point de Police établi pour empêcher le public d'être trompé.

D. *Si donnant à une corde les hauteur & longueur dont vous venez de parler, les ouvriers y laiſſent quelques vuides, y a t il en cela quelque contravention ?*

R. Oui, parce que la meſure preſcrite

par l'Ordonnance doit être pleine, comme elle ne l'est pas alors, c'est une contravention qu'il faut constater par un Procès-verbal.

D. *Les Marchands sont-ils les maîtres de faire des cendres dans leurs Ventes?*

R. Cela leur est défendu à peine de confiscation, à moins qu'ils n'y soient expressément autorisés par le Roi.

D. *Suffit il à un Garde de visiter chaque jour une Vente que l'on exploite?*

R Il faut de plus, qu'il porte son attention sur le bois qui avoisine la partie qu'on exploite, parce que les Marchands sont responsables de tous les délits qui s'y commettent à l'ouie de la coignée, & qui est réglée à cinquante perches pour les bois de cinquante ans, & à vingt-cinq perches pour ceux qui sont au-dessous de cet âge.

D. *Lorsque le tems du Recollement approche, que doit faire un Garde?*

R. Il doit tenir la main à ce que la coupe soit bien vuidée & nettoyée, que les places à charbon en soient repeuplées, que les chemins qui ont servi à la sortie des bois soient fermés, & que les les fossés séparatifs des coupes soient relévés.

D. *Si lors du Recollement les Officiers ne donnent pas au Marchand le congé dernier, que doit faire un Garde ?*

R. Il doit continuer à veiller particuliérement non-seulement sur les Ventes ; mais encore sur le bois qui est à l'ouie de la coignée, parce que s'il s'y commet quelques délits, le Marchand en est responsable ; si son facteur n'a pas dressé un Procès-verbal contre ceux qui les ont faits.

D. *Qu'est-ce qu'un Chablis ?*

R C'est un arbre que la violence des vents a déraciné ou cassé.

D. *Que doit faire un Garde qui reconnoit un Chablis ?*

R. Il doit en dresser un Procès-verbal qu'il déposera au Greffe dans trois jours, & veiller à ce que personne ne touche à l'arbre.

D. *A quoi doit veiller un Garde pendant la glandée ?*

R. A ce qu'on n'y introduise pas une quantité de porcs excédente le nombre porté par le Procès-verbal des Officiers, ou par l'Adjudication ; qu'on n'y en mette aucun avant le premier Octobre, qui ne soit marqué de l'empreinte déposée au

Greffe; qu'on n'y amaſſe, abbatte ni enléve pas des glands; enfin, qu'après le premier Février, aucun porc ne fréquente les bois; dans tous ces cas, il y a lieu à la confiſcation en cas de contravention.

D. *Quel eſt l'objet de l'attention d'un Garde pour le pâturage dans les bois?*

R. Il doit veiller exactement à ce que les beſtiaux ne s'échapent pas dans les endroits qui ſont exclus du pâturage; à ce qu'il n'y ait que ceux des Uſagers ou Adjudicataires qui y ſoient introduits; à ce qu'ils ſoient tous ſous la garde d'un même pâtre, pour chaque paroiſſe; ſans que perſonne puiſſe faire de troupeau ſeparé, qu'ils ſoient conduits par le chemin déſigné par les Officiers; enfin, qu'ils ſoient tous marqués & ayent chacun au col une clochette; en cas de contravention, dans tous ces cas, il y a lieu à la confiſcation.

D. *Peut-on mener en pâturage dans les bois des chévres & des moutons?*

R Cela eſt défendu à peine de confiſcation & d'amende.

D. *Faut-il toujours que des beſtiaux trouvés dans les bois y aient fait quelque*

Abroutissement pour être sujets à une reprise ?

R. Non, il suffit qu'ils soient hors du chemin désigné, pour être sujets à être confisqués.

D. *Quand un Garde ne peut pas arrêter des bestiaux sujets à reprise, que doit-il faire ?*

R. Il doit faire son rapport contre celui à qui ils appartiennent.

D. *A qui est-il permis d'introduire des bestiaux dans les bois ?*

R. Aux Propriétaires & aux Usagers.

D. *Que doit faire un Garde, lorsqu'on a délivré dans son canton, des arbres à bâtir ou à réparer ?*

R. Il doit tenir la main à ce que celui à qui on les a délivré, ne commette aucun délit en les coupant, qu'il ne prenne que la longueur pour laquelle l'arbre a été accordé ; qu'il ne dispose pas à son profit, des houpiers & remanens qui doivent être vendus à l'Audiance ; & enfin, à ce qu'il enléve l'arbre dans le terme qui lui est fixé.

D. *Un Garde est il obligé de veiller sur les bois engagés ?*

R. Il le doit exactement pour reconnoître si les Engagistes ne font pas couper les Taillis avant que le balivage en ait été fait par les Officiers de la Maîtrise, & si pendant l'exploitation on n'y coupe pas des arbres modernes ou autres : en un mot, il doit porter la même attention que sur les ventes ouvertes, & veiller à ce que les Engagistes ne commettent aucun délit dans les autres parties.

D. *Un Garde doit il veiller aussi sur les bois des Ecclésiastiques & des Communautés séculières & régulières?*

R. Il y est obligé pour reconnoître s'ils laissent dans leurs Taillis, le nombre prescrits des balivaux; s'ils n'y coupent pas d'arbres modernes ou autres; s'ils n'y font pas exploiter leurs Taillis avant le tems fixé par le Réglement de leurs bois; s'ils n'en exploitent pas une plus grande quantité que celle désignée ; s'ils ne contreviennent en rien à l'Ordonnance dans leurs exploitations, & si dans tous leurs bois, il ne s'est point commis de délits de Futayes ou autres dans le Quart-de Réserve, dont les rapports n'auroient pas été faits au Greffe de la Maîtrise : dans tous ces cas, il doit en dresser un Procès-verbal.

D. *A quoi doit tendre la vigilance d'un*

Garde ſur les Bois & Rivieres appartenans aux Communautés laïques, même dans les Hautes-Juſtices?

R. En ce qui regarde les bois, un Garde doit veiller à ce que pour l'exploitation des Taillis pour leur affouage, on n'intervertiſſe pas l'ordre des coupes, à ce qu'on n'en exploite que la quantité fixée par le Réglement qui en a été fait, à ce que les habitans ne vendent pas le bois de leur affouage, à ce que dans l'exploitation ils ne contreviennent pas à l'Ordonnance; enfin, qu'on ne coupe dans aucune partie des Futayes & qu'on ne commette aucun délit dans les Quarts-de-Reſerve, ni qu'on n'y faſſe aucun Abroutiſſement. S'il reconnoît à cet égard, quelque contravention, il doit en dreſſer ſon Procès-verbal contre les délinquans, s'il les trouve ſur le fait, ou contre la Communauté elle-même dont les Foreſtiers ont négligé de veiller ſur ſes bois.

D. *Et pour les Rivieres, à quoi doit faire attention un Garde?*

R. A ce que tous les Habitans de la Paroiſſe qui y a droit, ne pêchent pas; mais ſeulement ceux à qui l'on a adjugé la Pêche, qui ne peuvent être qu'au nombre de deux, & qui ſont obligé de ſe conformer à tout ce que prefcrit l'Ordonnance fur cela.

D. *Les bois des Seigneurs & autres Propriétaires particuliers n'étant pas fous la Jurifdiction immédiate des Maîtrifes, un Garde eft-il difpenfé pour cela, d'y porter fon attention?*

R. Non, il doit au contraire, veiller à ce qu'ils n'y exploitent pas leurs Taillis avant dix ans, à ce qu'ils y laiffent feize Balivaux par arpent, & pour la Futaye dix arbres pris tant dans les anciens que dans les modernes; enfin, qu'ils fe conforment à tout ce qui eft prefcrit pour les exploitations, & qu'ils ne faffent dans leurs bois aucun défrichement.

D. *Cela fuffit-il?*

R Non, il faut encore qu'avant d'exploiter leurs Futayes, les Seigneurs & autres Paticuliers en aient fait fix mois auparavant, leur déclaration au Greffe de la Maîtrife.

D. *A quoi doivent s'attacher les Gardes pour les bois en général, qui font voifins de ceux du Roi?*

R A ce que les Propriétaires faffent & entretiennent des foffés de quatre pieds de largeur & de cinq de profondeur entre leurs bois & ceux du Roi; ils ne doivent pas non plus, laiſſer planter du bois à cent perches près de ceux du Roi, ſans une permiſſion expreſſe.

D. *Peut-on arracher quelques plants d'arbres dans les Forêts?*

R. Non, cela eſt défendu, à moins qu'on n'en ait obtenu une permiſſion.

D. *Peut-on ouvrir des carrieres dans l'étendue & aux reins des Forêts?*

R. Cela eſt non-ſeulement défendu, mais encore de tirer du ſable, de la terre, & de faire aucune fouille près des bois, ainſi que d'établir dans cette diſtance des fours-à chaux, à peine de confiſcation.

D. *Des vagabons & gens ſans aveu ont-ils la liberté de s'établir dans l'enceinte & près des Forêts?*

R. Cela leur eſt défendu à peine de punition corporelle & de démolition de leurs maiſons.

D. *Les Particuliers dont les maiſons ſont ſituées dans l'enceinte & aux rives des Forêts, peuvent-ils faire le commerce de bois?*

R. Non, cela leur eſt interdit à peine de confiſcation, d'amende & de démolition de leurs maiſons, ils ne peuvent

même

même y avoir de bois que ce qui est nécessaire pour leur chauffage.

D. *Est-il libre à toutes personnes d'allumer du feu dans les Forêts, Landes & Bruyeres ?*

R. Cela est défendu à peine d'amende & de punition corporelle.

D. *Est-il permis de couper des branches d'arbres ou des feuillages ?*

R. Non, cela est défendu sous tel prétexte que ce soit, même pour nôces, fêtes & confrairies; c'est un délit pour lequel l'Ordonnance veut que celui qui l'a commis, soit condamné comme s'il avoit coupé l'arbre.

D. *Est-il permis de couper en anneau l'écorce d'un arbre ?*

R Non, cela est défendu sous peine de payer la même amende que si l'on avoit coupé l'arbre; parce que cela le fait périr.

D. *Ceux à qui il est permis de ramasser le bois mort, peuvent ils couper les arbres secs, mais qui sont encore sur pied?*

R Cela leur est interdit à peine de payer la même amende que si l'arbre étoit vif

D. *Peut on librement couper des herbages dans les bois ?*

R. Non, cela eſt défendu à peine d'amende & de confiſcation des voitures & chevaux.

D. *Que doivent faire les Gardes à l'égard des inutiles ?*

R Ils doivent être attentifs à ce qu'ils ne reſtent pas plus près que de deux lieues des forêts, & à ce que perſonne dans cette diſtance, ne leur donne d'azile, à peine de 300 livres d'amende & d'être reſponſables de toutes les amendes qui ſeroient prononcées contre les inutiles.

D. *Qu'entendez vous par inutiles ?*

R. Ceux qui ont eté déclarés tels par une ſentence de la Maîtriſe, après avoir été répris pluſieurs fois pour délits commis dans les Forêts.

D. *De quoi ſont tenus les Gardes à l'égard des inutiles, qui commettent de nouveaux délits ?*

R. Ils ſont obligés de les arrêter & de les conſtituer priſonniers, ſans quoi ils ſont reſponſables des délits commis par ces inutiles.

SECTION II.

DE LA CHASSE.

D. *Quel est l'objet des Fonctions d'un Garde de Chasse?*

R De faire exécuter tout ce qui est prescrit par les Ordonnances, & de dresser exactement des Procès-verbaux, contre tous ceux qui y contreviennent.

D. *Quelles sont les contraventions que l'on peut commettre sur le fait de la Chasse?*

R. C'est, 1°. de chasser sans permission, 2°. de chasser dans les tems prohibés, 3°. de tirer sur le Cerf & sur la Biche. 4°. de se servir d'armes brisées, 5°. de détruire les nids d'Oiseaux, & ceux de Cailles, Perdrix & Faisans, 6°. de tendre des lacs & de se servir de tirasses & de traîneaux. 7°. D'employer pour tirer, la grainaille de fer, dont un Garde doit empêcher le débit.

D. *Quels sont ceux qui peuvent chasser?*

R. Les Seigneurs Hauts-Justiciers, les Seigneurs de Fiefs & ceux à qui les Seigneurs en ont accordé la permiſſion ſur leurs terres.

D. *Cette régle eſt elle générale pour tout le Royaume ?*

R Non, car dans la Lorraine & dans le Clermontois, il n'y a que le Seigneur Haut-Juſticier qui ait le droit de chaſſer; on la permet encore en Lorraine au Seigneur d'un Fief circonſcrit ; en Artois, outre le Seigneur Haut-Juſticier & le Seigneur de Fief, le Seigneur Vicomtier, c'eſt-à-dire, Moyen-Juſticier peut chaſſer; dans le Hainault & dans la Flandres, le Seigneur d'un Franc-Aleu noble, a la même liberté.

D. *Un Gentil homme, qui n'eſt pas Seigneur Haut-Juſticier ou Seigneur de Fief, peut il en cette ſeule qualité, chaſſer ſans permiſſion ?*

R Il ne le doit pas, ſi ce n'eſt ſur les étangs, marais & rivieres appartenans au Roi, & non aux Seigneurs particuliers.

Il y a une exception pour le Dauphiné où les Gentils-hommes ont la liberté de chaſſer par-tout.

D. *Suffit il d'avoir une permiſſion pour chaſſer ?*

R Non, il faut que la permiſſion ſoit

enregiſtrée au Greffe de la Maîtriſe ou de la Juſtice.

D. *Eſt il permis de ſe ſervir de chiens-couchans pour chaſſer?*

R. Non, l'uſage en eſt interdit à tous ceux qui n'ont ni droit ni permiſſion de chaſſe.

D. *Quel eſt le tems prohibé pour la Chaſſe?*

R. Depuis que le bled eſt en tuyau, pour la plaine; & pour les vignes, depuis le premier de mai juſqu'après la dépouille.

D. *Un Garde peut-il déſarmer un Chaſſeur?*

R. Non, cela ne lui eſt pas permis, il doit ſe contenter de déclarer au Chaſſeur qu'il lui ſaiſit le fuſil entre ſes mains, & qu'il l'en rend dépoſitaire pour le repréſenter quand cela ſera ainſi ordonné.

D. *Peut il fouiller un Chaſſeur?*

R. Cela lui eſt interdit.

D. *Peut il arrêter au corps un Chaſſeur inconnu?*

R. Si cela peut ſe faire ſans riſques ou inconvéniens, il en a la libérté : mais il ne doit pas s'y expoſer legérement.

D. *Un Garde peut il de ſon chef, faire des perquiſitions dans les maiſons des particuliers pour la recherche du gibier?*

R. Il ne le peut jamais ſans y être autoriſé expreſſement.

D. *Eſt-il libre à toutes perſonnes de prendre des alouettes aux filets, des nids & des petits oiſeaux dans les bois aux gluaux ou autrement ?*

R. Non, il faut pour cela une permiſſion de ceux à qui le droit de chaſſer appartient.

D. *Toutes perſonnes qui n'ont pas permiſſion de chaſſer, peuvent-elles avoir des chiens de chaſſe ?*

R. Il leur eſt défendu non-ſeulement d'en mener avec eux ; mais même d'en élever chez eux.

D. *Eſt-il permis de tirer ſur les Pigeons ?*

R. Non, cela eſt au contraire, très-ſévérement défendu.

D. *Eſt-il permis de vendre du gibier en tout tems ?*

R. Non, cela eſt interdit depuis le commencement du Carême juſqu'au premier Août, à peine de confiſcation & d'amende.

D. *Dans les Capitaineries eſt il libre à tous particuliers de pratiquer aux murs de leurs jardins & clos, des ouvertures qui puiſſent y donner entrée au Gibier ?*

R. Non, cela eſt défendu.

D. *Ceux qui ont des Prés dans les Capitaineries, peuvent-ils les faucher quand ils veulent?*

R. Ils ne le peuvent pas avant la St. Jean, ſans permiſſion.

D. *Tous propriétaires peuvent ils faire fermer de murs leurs héritages, qui ſont dans les plaines des Capitaineries?*

R. Cela leur eſt défendu à moins qu'ils n'en ayent obtenu la Permiſſion du Roi.

SECTION III.

DE LA PECHE ET DES RIVIERES.

D. A *Qui la Pêche eſt elle permiſe?*

R. A ceux qui en ont la propriété, & à ceux qui en ayant loué d'eux le droit, ont été reçus Maîtres-Pêcheurs pardevant les Officiers de la Maîtriſe.

D. *Les Maîtres Pêcheurs peuvent ils pêcher en tous tems?*

R. Non, ils doivent s'en abſtenir les jours des Fêtes & Dimanches.

D. *Que preſcrit l'Ordonnance pour l'exécution de cette défenſe?*

R. Que les veilles des Fêtes & Dimanches, tous les Pêcheurs apportent leurs filets au logis du Maître de leur Communauté.

D. *Que doit faire un Garde sur cela?*

R. Il doit se transporter chez le Maître de Communauté, pour constater par lui-même si les Pêcheurs se sont conformés à ce qui leur est prescrit à ce sujet ; à faute de quoi, il est obligé de dresser un Procès-verbal contre les contrevenans.

D. *N'y a t il pas encore d'autres tems où les Pêchours doivent s'abstenir de pêcher ?*

R. Dans les Rivieres où la truite abonde, on doit cesser de pêcher depuis le premier de Février jusqu'au quinze de Mars, & par-tout ailleurs depuis le premier d'Avril jusqu'au premier de Juin; il est encore défendu de pêcher pendant la nuit, excepté aux arches des ponts & aux moulins, ainsi qu'aux gords, où ils en ont la liberté: la Pêche au feu est généralement interdite.

D. *N'y a t-il pas sur tout cela quelque exception ?*

R. Il n'y a d'exception que pour les Saumons, Alozes & Lamproyes qu'on peut prendre en tous tems ; mais il faut qu'un Garde soit attentif à ce qu'on ne prenne pas d'autres poissons.

D. *Les Pêcheurs n'ont-ils pas la liberté de tendre pendant les tems prohibés, des grands filets appellés Dideaux ?*

R. Oui, pourvu que les mailles ainsi que celles des chausses qui y sont attachées, aient dix-huit lignes en carré.

D. *Quels sont les filets dont l'usage est interdit ?*

R. Ce sont le Gile, le Tramail, le Furet, l'Épervier ; & tous ceux qui peuvent dépeupler les Rivières ; le Barandage est pareillement interdit.

D. *Qu'entendez vous par le Barandage ?*

R. Le Barandage est quand on barre une Rivière par des digues & retenues, & qu'à une certaine distance au-dessous on a tendu des filets dans toute la largeur du lit, pour y recevoir les poissons que l'écoulement des eaux y améne ; c'est aussi un Barandage, quand au-dessus de de l'endroit où l'on a barré, on tend pareillement dans toute la largeur de la Rivière, un grand filet où l'on fait entrer le poisson avec des fouloirs dont on se sert à l'aide d'une nacelle ; c'est encore un Barandage quand sans retenue on barre une Rivière dans toute ſa largeur avec un filet où l'on force avec des fouloirs le poiſſon d'entrer.

D. *Eſt-il permis en général, de ſe ſervir de fouloirs?*

R. Non, cela eſt défendu dans tous les cours d'eau.

D. *Eſt-il permis de pêcher dans les Noues?*

R. Non, cela eſt défendu.

D. *Les Pêcheurs peuvent ils garder indiſtinctement tous les Poiſſons qui ſe trouvent pris dans leurs filets?*

R. Non, ils doivent rejetter à l'eau ceux qui n'ont pas ſix pouces entre l'œil & la queue, ainſi que les Tanches, Perches & Gardons qui n'en ont pas cinq.

D. *Quels ſont les filets dont les Pêcheurs peuvent ſe ſervir?*

R Uniquement ceux qui ont été ſcellés en plomb au Greffe de la Maîtriſe, & cela, à peine de confiſcation & d'amende,

D. *A quoi doit veiller un Garde pour aſſurer la conſervation du poiſſon?*

R A ce que perſonne ne jette dans les Rivières aucune drogue capable de le faire mourir; de ce nombre, ſont, la chaux, la noix vomique & la coque-du-levant.

D. *Les Mariniers ou Conducteurs des*

bâteaux, n'ont-ils pas la liberté de pêcher sur les Rivières qu'ils fréquentent ?

R. Non, cela leur est défendu, & même d'avoir dans leurs bâteaux aucun filet, à peine de confiscation & d'amende.

D. *Que doit faire un Garde quand il sait qu'il y a quelques épaves sur une Rivière ?*

R. Il doit les donner en garde à des personnes solvables qui s'en chargeront au bas du Procès-verbal qu'ils en dresseront & en avertir ensuite les Officiers.

D. *Est il permis de rompre la glace, & d'y pratiquer des troux pour y prendre le poisson, à l'aide de feux ou autrement ?*

R. Non, cela est défendu, à peine d'être puni comme voleur.

D. *Les Gardes doivent-ils veiller sur les Rivières des Seigneurs & des Gens de Main-morte ?*

R. Ils y sont obligés, parce que tous les Sujets du Roi doivent faire exécuter sur les Rivières qui leur appartiennent, les Ordonnances qui concernent la Pêche ; s'il y avoit sur cela quelque contravention, un Garde ne peut se dispenser d'en dresser un Procès-verbal.

D. *Les Gardes ont-ils la liberté de visiter les boutiques & reservoirs des Pêcheurs ?*

R. Ils ne le peuvent pas à moins que

ce ne soit à la suite d'un Délit récent, dans ce cas, un Garde doit être accompagné d'un Officier municipal de l'endroit : hors la circonstance d'un cas urgent, ces sortes de visites ne peuvent être faites que par un Officier de la Maîtrise.

D. *Quels sont les autres objets de la vigilance d'un Garde rélativement à la police des Rivières ?*

R. Il doit empêcher qu'on ne fasse aucune excavation à six toises près des Rivières navigables, qu'on ne pratique aucun bâtardeau, écluses, moulins & tout autre chose capable de gêner la navigation; qu'on ne jette dans les Rivières aucun décombre ni immondices, & qu'on n'en fasse des amas sur les Quais & Rivages.

D. *Est il permis de faire dans les Rivieres navigables des seignées capables d'en altérer le cours ?*

R. Non, cela est défendu sous peine d'amende,

D. *A quoi doit veiller un Garde rélativement au marche-pied des Rivières navigables ?*

R A ce qu'on ne fasse aucune clôture, qu'on ne plante aucun arbre dans les trente pieds que le Marche-pied doit avoir de largeur, & dans les dix pieds du bord opposé à celui du trait des chevaux.

D. *Que doit il faire à l'égard des Péages établis sur les Rivières?*

R. Il doit veiller à ce que ceux qui les perçoivent aient une Pencarte attachée sur des poteaux à l'entrée des passages, & à ce qu'ils n'excédent pas les droits dont le tarif y est inscrit; s'il y avoit sur cela quelqu'abus, il doit en dresser un Procès-verbal.

SECTION IV.

DES DÉLITS.

D. QUELLE *est la différence entre un Délit commis de jour, & celui commis de nuit?*

R. La différence est que l'amende est toujours double pour un Délit de nuit.

D. *Quand commence la nuit?*

R Au moment où le Soleil se couche, & dure jusqu'à son lever.

D. *Un Délit commis avec la scie est il plus grave que s'il avoit été commis avec la hache?*

R. Oui, il eſt plus grave & donne lieu à une double amende.

D. *Quand un Délinquant n'a pas été prit ſur le fait ; mais qu'il eſt ſeulement rencontré chargé de bois de Délit, que doit faire un Garde ?*

R Si c'eſt d'une ſimple charge à col, le Garde doit le ſommer de lui déclarer de quel canton provient ce bois de délit, & en faire mention ainſi que de la réponſe, dans ſon Procès-verbal.

D. *Si le Délinquant refuſe de répondre, que doit faire le Garde ?*

R. Il doit faire mention du réfus dans ſon Procès-verbal.

D. *Si le Délinquant déclare que c'eſt du bois qu'il a acheté de quelque marchand, ou qu'il provient d'une Forêt étrangere à la Maîtriſe, le Garde doit-il le croire ?*

R. Non, parce qu'au premier cas, il doit repréſenter un certificat du marchand ou de ſon facteur ; & au ſecond cas, on préſume toujours que le bois provient de la Forêt la plus prochaine ; ainſi malgré cette déclaration, le Garde ne doit pas moins faire ſon Rapport.

D. *Si c'eſt une voiture de bois que le*

Garde rencontre, que doit il faire ?

R. Il doit faire les mêmes sommations que ci-dessus, & à défaut de l'empreinte du marteau du Marchand sur les corps-d'arbres : ou de certificat du Facteur, si s'est du bois de chauffage ; il doit saisir le bois, la voiture & les chevaux.

D. *Quand on tolere aux pauvres de profiter du bois mort, sont-ils autorisés pour cela, à prendre tout le bois sec ?*

R. Il ne leur est permis que de ramasser le bois mort, & non de prendre le bois sec qui est encore sur pied.

D. *Si un Délinquant a une hache ou tout autre instrument propre à commettre des Délits, que doit faire un Garde ?*

R. Il doit les saisir, s'il éprouve de la résistance, il doit déclarer au Délinquant qu'il l'en rend dépositaire, pour les représenter quand cela sera ordonné.

D. *Un Garde est-il obligé de sommer un Délinquant au ressouchetage du bois du Délit dont il est chargé ?*

R. N'on, parce qu'il y a lieu à un Rapport par la seule raison que le Délinquant n'est pas porteur du certificat du Marchand ou de son Facteur, ou que l'empreinte du marteau n'est pas sur les corps-d'arbres.

D. *Si un Garde trouve une ſouche dont l'arbre ait été coupé & enlevé tout recemment, que doit-il faire pour connoître l'auteur du Delit?*

R. Si l'arbre a été enlevé ſur une voiture il doit en ſuivre les rouages, & s'il la rencontre chargée d'un arbre qui ne porte l'empreinte du marteau d'aucun Marchand, il doit la ſaiſir avec les chevaux, &c. Si au contraire, il ne rencontre pas la voiture & que les rouages le conduiſent dans quelque village ou maiſon iſolée, il doit y faire une perquiſition, & s'il trouve l'arbre en queſtion, il doit après les ſommations d'uſage, ſaiſir cet arbre ſur lequel il ne ſe trouvera aucune empreinte.

D. *Mais ſi celui chez qui il trouve cet arbre déclare qu'il provient d'une Maîtriſe étrangère, que doit faire le Garde?*

R. Il ne doit pas moins ſaiſir l'arbre, dont il ſcira un bout de la coupe pour le raprocher de la ſouche qu'il a trouvée, & ſi après l'avoir confronté tronc ſur tronc, il reconnoit qu'il en provient, il doit l'expliquer dans ſon Procès-verbal.

D. *Si on lui oppoſe une réſiſtance qui l'empêche de faire cette confrontation, que fera il?*

R. Il se contentera de faire mention dans son Procès-verbal, tant de la sommation que de la résistance, & expliquera aussi qu'elles sont les longueur & grosseur de l'arbre trouvé, ainsi que de la souche découverte dans le bois, & d'où cet arbre est censé provenir, & déclarer en même tems la saisie de l'arbre.

D. *Si l'arbre se trouve dénaturé au point qu'on ne puisse juger avec certitude qu'il provient de la souche dont il s'agit, que doit faire le Garde?*

R Après avoir sommé le Particulier de lui déclarer d'où il provient, il pourra prendre un morceau de ce qui en restera, & en le confrontant avec le bois de la souche ou des remanens qui peuvent être encore gisans dans l'endroit du Délit, il reconnoîtra si l'arbre qu'il a trouvé provient véritablement du Délit.

D. *Si le Particulier déclare que cet arbre provient d'une Vente ouverte; mais qu'en le travaillant, l'empreinte du marteau du Marchand a été détruite, quel parti doit prendre un Garde?*

R. Il doit alors sommer le Particulier de lui déclarer exactement la grosseur & la longueur de l'arbre, dont il pourra juger en en raprochant les carriers s'il eſt poſſible, après quoi, il ſe retirera auprès du Marchand ou du Facteur qu'on lui a indiqué, s'en fera repréſenter le regiſtre, & s'il reconnoît que l'arbre y eſt inſcrit, il n'y aura pas lieu à une ſaiſie ni à un rapport ; mais il y aura lieu à l'une & à l'autre, ſi le regiſtre n'en fait pas mention, ou ſi celui dont il s'agit n'a pas les mêmes proportions que celui qui auroit été vendu.

D. *Les Gardes ſont-ils obligés d'obtenir un* Pareatis *du Juge des lieux, pour faire des viſites à la ſuite d'un Délit ?*

R. Les Gardes des Maîtriſes en ſont diſpenſés, il ſuffit qu'ils ſoient aſſiſtés de l'un des Officiers-municipaux de l'endroit.

D. *Eſt il toujours néceſſaire qu'un Garde trouve un particulier en délit dans les bois, pour faire un Rapport contre lui ?*

R Non, c'eſt aſſez qu'il ſoit trouvé pendant la nuit dans les Forêts hors des routes & chemins, avec une hache ou tout autre inſtrument propre à faire des délits, pour qu'il y ait lieu à un Rapport, cela étant défendu à peine de priſon & d'amende.

D. *Que doit faire un Garde qui trouve des bois de délit sur les places & marchés ?*

R. Il doit les saisir, & s'ils sont reclamés faire son Rapport contre celui qui les répete.

D. *Quelle conduite doit tenir un Garde dans tous les cas où l'Ordonnance prononce la confiscation ?*

R. Il doit saisir avec établissement de commissaire.

D. *Comment se fait cet établissement de Commissaire ?*

R. Si c'est une voiture ou des chevaux que le Garde ait saisis, il doit les remettre entre les mains de quelqu'un capable d'en répondre & qui s'en chargera, ce dont le Garde doit faire mention dans son Procès-verbal, qu'il doit faire signer par le Commissaire à qui il en laissera copie avec l'attention d'y désigner les chevaux ou bestiaux, de maniere qu'on ne puisse en substituer d'autres ; si le Commissaire ne sait pas signer, il faudra en faire mention dans le Procès-verbal.

D. *Si celui que l'on voudroit établir Commissaire, refusoit de l'être, que feroit le Garde ?*

R. Il doit sur le champ l'assigner pardevant le Maître-particulier qui décidera si son réfus est bien ou mal fondé,

D. *Si les Objets saisis sont des haches, scies & autres instrumens de Délit, le Garde doit-il y établir Commissaire?*

R. Il suffit de les déposer au Greffe, & d'en faire mention dans son Procès-verbal.

SECTION V.

DES RAPPORTS.

D. *QU'ENTENDEZ-VOUS par un Rapport?*

R J'entends un Procès-verbal qui constate un Délit ou toute autre Contravention en matiere des Eaux-&-Forêts.

D. *Faut il beaucoup de formalités pour rendre un Rapport régulier?*

R. Il en faut principalement six.

D. *Quelle est la premiere?*

R. Il doit renfermer la datte de l'année, du mois, du jour & de l'heure, si c'est avant ou après midi, avant le lever ou après le coucher du soleil, & si c'est un jour de Dimanche ou de Fête.

D. *Qu'elle est la seconde?*

R. Les nom, sur-nom, qualités & résidence du Garde y doivent être exprimés, ainsi que le nom de la Maitrise à laquelle il est attaché.

D [illegible]*ites la troisiéme?*

R Il faut désigner l'endroit particulier où le Délit a été commis.

D. *Qu'elle est la quatriéme?*

R On doit y faire mention des nom, sur-nom, qualités & demeure du Délinquant.

D *Qu'elle est la cinquiéme?*

R. La qualité du Délit doit être expliqué, il faut y exprimer l'espéce & la grosseur de l'arbre, à prendre à un demi-pied de terre; si le Délit est de Taillis, en désigner la quantité de fagots.

D. *Qu'elle est la sixiéme?*

R. On doit exprimer l'espéce des outils ou instrumens qui ont servi à commettre le Délit: celle des voitures, la quantité & la désignation des chevaux ou bœufs, & de tout ce qui a servi soit au Délit, soit au transport des bois coupés: il faut de plus faire mention de la saisie & de l'établissement de Commissaire.

D *Le Rapport ne doit-il pas de plus, comprendre l'assignation donnée au Délinquant?*

R. Oui, dans les Maîtriſes où l'on eſt en uſage de ne donner que des aſſignations verbales, dans ce cas on n'eſt pas obligé de donner copie du Rapport : dans les autres Maîtriſes où cet uſage n'a pas lieu, il faut donner copie du Rapport au Délinquant en l'aſſignant.

D. *Les Rapports de Chaſſe & de Pêche doivent-ils renfermer les mêmes formalités ?*

R. Oui, il faut ſeulement pour la Chaſſe ſpécifier l'eſpéce d'armes & de chiens qu'avoit le Chaſſeur, & à l'égard de la Pêche, déſigner l'eſpéce de filet dont on ſe ſervoit.

D. *Eſt il néceſſaire qu'un Garde trouve quelqu'un tirant ou tuant du gibier, pour faire un Rapport ?*

R. Non, il ſuffit qu'il le trouve armé & accompagné d'un chien, traverſant les Plaines.

D. *Dans quel délais un Garde doit-il dépoſer ſon Rapport au Greffe ?*

R. Dans les deux jours de ſa datte.

D *Quand doit-il l'affirmer ?*

R. Au premier jour d'Audiance, s'il ne l'a pas fait lors du dépôt.

D. *Pardevant qui doit il l'affirmer ?*

R. Pardevant l'un des Officiers de la

Maîtrise, ou du Maire du village le plus prochain du lieu du Délit, dans les Départemens où cela est autorisé.

D. *Que doit faire un Garde qui éprouve de la résistance dans l'exercice de ses fonctions?*

R. Il doit se borner à dresser un Procès-verbal des violences qu'on lui a faites.

D. *Quelle peine encourt un Garde qui fait un faux dans un Rapport?*

R. Les galères.

D. *Un Garde est il obligé de faire contrôler ses Procès-verbaux & Exploits?*

R. Les Gardes des Maîtrises en sont dispensés, il n'en est pas de même de ceux des Seigneurs particuliers ni de ceux de Gens de main morte, qui doivent les faire contrôler dans les trois jours. : quant aux significations qui se font en conséquence des Rapports, telles que les Jugemens des Sentences des Maîtrises, elles doivent être contrôlées, mais sans frais.

FORMULE DE RAPPORTS.

MODÉLE

D'un Rapport simple pour Délit commis dans les Bois.

L'AN mil sept cent le du mois de environ les huit heures du matin, je Garde de la Maîtrise des Eaux & Forêts de demeurant à soussigné, certifie qu'étant dans la Forêt de pour y faire les devoirs de ma charge, revêtu de ma Bandoulière, j'aurois trouvé le nommé demeurant à qui y coupoit avec une hache plusieurs cépées de Taillis de chêne de huit ans, dont il avoit déjà fait deux Fagots, lequel aussi-tôt qu'il m'auroit apperçu; auroit pris la fuite, & je lui aurois déclaré que je lui donnois, comme de fait, je lui ai donné assignation au premier jour d'Audiance par-devant Messieurs les Officiers de la Maîtrise de en leur Siége en ladite Ville, qui sera le Mercredi douze du courrant, pour se voir condamner aux

peines

peines de l'Ordonnance. De tout quoi j'ai fait & dressé le présent Procès-verbal.

Nota. Si les Assignations verbales ne sont point en usage dans la Maîtrise, le Garde doit suprimer dans son Procès-verbal, celle qui est exprimée dans le Modéle ci-dessus.

Modéle d'un autre Rapport avec saisie de Ferremens.

L'AN mil sept cent le du mois de environ les quatre heures après midi, je Garde de la Maîtrise des Eaux & Forêts de demeurant à soussigné, certifie que traversant la Forêt de j'aurois trouvé le nommé avec son fils demeurant à lesquels avoient coupés avec les haches dont ils s'étoient munis, plusieurs brins de Taillis de chêne âgé de dix ans, pour en faire chacun leur charge, ausquels j'aurois fait commandement de par le Roi, de me remettre chacun leur hache, ce qu'ils ont fait à l'instant, & je leur ai donné Assignation, &c. &c. de tout quoi j'ai fait le présent Procès-verbal.

Si le Délinquant réfuse de remettre ses ferremens, le Garde doit se borner à lui en déclarer la saisie entre ses mains, & en faire mention dans son Procès-verbal.

Autre Rapport avec saisie de Voiture & Chevaux.

L'AN mil sept cent le du mois environ le cinq heures du soir, je Garde de la Maîtrise des Eaux & Forêts de demeurant à soussigné, certifie que traversant la Forêt de j'aurois entendu plusieurs coups de hache, ce qui m'ayant fait approcher, j'aurois apperçu les nommés demeurant à lesquels avoient abbatu un Chêne de six pieds de tour, suivant la mesure que j'en ai prise à un demi pied de terre, & qu'ils se disposoient à enlever avec une voiture attelée de six chevaux sous poil noir, & de deux bœufs sous poil rouge, ausquels ci-dessus nommés, j'aurois fait commandement de par le Roi, de me suivre & d'amener la voiture que j'ai fait conduire à chez le nommé habitant dudit lieu & que j'ai établi Commissaire ; & qui s'est volontairement chargé de représenter tant ledit arbre portant pieds de longueur, que les voiture, bœufs & chevaux ci-dessus désignés, & même les deux haches avec lesquelles ledit arbre a été coupé & qui ont été remises par lesdits susnommés, ausquels j'ai donné assignation, &c. & en outre, j'ai donné assignation audit commissaire par moi établi ci-dessus pour voir être dit & ordonné qu'il sera tenu de représenter les susdites choses saisies aux jour & heure qui lui seront prescrits : de tout quoi j'ai fait le présent Procès-verbal que ledit commissaire a signé avec moi & dont je lui ai laissé copie.

Autre Rapport fait par suite.

L'AN mil sept cent, &c. &c. &c. soussigné certifie qu'en parcourrant la Forêt de j'aurois trouvé la souche d'un Chêne tout récemment coupé & enlevé : n'y ayant plus sur la place que quelques écailles, morceaux d'écorce & autres remanens : ayant pris la grosseur de la souche, j'ai reconnu que l'arbre coupé avoit huit pieds cinq pouces de tour, & ai de plus reconnu qu'il avoit été enlevé sur une voiture dont les rouages étoient très-visibles, les ayant exactement suivi, ils m'ont conduit au village de à l'entrée duquel se trouvans croisés avec d'autres, je n'ai pu en reconnoître la suite & la remise ; mais persuadé que la voiture dont ils m'avoïent indiqué la trace, étoit resté dans ledit village ; je me suis transporté chez le nommé Maire dudit lieu, que j'ai réquis & interpellé de m'accompagner dans la visite que j'entendois faire dans les maisons dudit village ; à quoi ayant satisfait, accompagné dudit Maire je suis entré chez laboureur audit lieu, & parlant à sa Personne, je l'ai sommé de par le Roi, de me faire ouverture de ses granges, cours & écuries, à l'effet de faire ma visite, ce qu'ayant fait, après avoir parcourru les écuries où je n'ai rien trouvé, & étant entré dans la grange, j'ai apperçu près d'un gros tas de paille, un petit morceau de bois de chêne verd & saignant; ce qui m'ayant fait soupçonner qu'il y avoit du bois de délit caché dans cette grange, j'aurois dérourné plusieurs bott es de paille sous lesquelles j'ai trouvé vingt quartiers de chêne tout nouvellement fendus, les ayant rassemblé autant qu'il m'a été possible, j'ai reconnu qu'ils provenoient d'un arbre portant au-moins huit pieds de tour; & qu'ils formoient une longueur de trente pieds, sur quoi j'ai sommé ledit   de me déclarer d'où provenoient lesdits quartiers; il m'auroit répondu qu'il les avoir acheté d'un particulier, dont il n'a voulu me dire le nom, quoique de ce sommé, attendu que ledit   n'a pu me représenter l'empreinte d'aucun marteau qui prouvât que l'arbre dont il s'agit, provient d'une Vente ouverte, & vu les précautions par lui prises pour le caeher, ce qui annonce clairement qu'il a été coupé en Délit; j'ai toujours en presence dudit   Maire déclaré audit   que je saisissois de par le Roi lesdits vingt quartiers de chêne que j'ai à l'instant frappé tous de l'empreinte de mon marteau, & que j'ai fait enlever sur le champ & transporter chez le nommé   habitant dudit Village, qui s'en est volontairement chargé & a promit de les représenter toutes & quantes fois qu'il en seroit réquis; en conséquence j'ai donné [illegible], &c. &c. de tout ce que dessus j'ai fait & [illegible] le présent [illegible] que ledit Maire a [illegible] avec moi ainsi que le commissaire à qui j'en ai laissé copie.

Si le Garde éprouve de la résistance & de la rébellion, il doit en circonstancier exactement tous les faits dans son Procès-verbal, en déclarant aux Délinquans qu'il les établit séquestres des voiture, bois, chevaux, harnois, &c. qu'il désignera d'une maniere qui puisse en faciliter l'estimation.

Quand il s'agit de bétail trouvé dans les bois il faut d'abord expliquer dans le Rapport l'âge du Taillis, l'espéce & le nombre des bestiaux; ensuite faire mention s'ils y ont fait beaucoup d'Abroutissemens. Un Garde, en un mot, ne doit jamais omettre dans son Procès-verbal aucunes circonstances qui peuvent augmenter ou diminuer la gravité d'un Délit, en faisant toutesfois attention de n'y rien exprimer que de vrai.

La forme de tous les Procès-verbaux étant la même, il n'y a que les faits qui varient à raison des Personnes & des circonstances; mais un Garde instruit réussira facilement à les détailler avec précision, en s'attachant à les rendre tels qui se sont passés.

Modéle d'un Rapport de Chasse.

L'An mil sept cent, &c.
je   soussigné certifie qu'étant dans la Plaine de   pour faire le devoir de ma charge, j'aurois apperçu
demeurant à
lequel armé d'un fusil & accompagné d'un chien

couchant, chaſſant dans ladite Plaine qu'il traverſoit, & comme il n'eſt pas de ma connoiſſance qu'il ait aucune permiſſion de Chaſſe, je me ſuis approché de lui, & lui ai fait commandement de par le Roi, de me remettre le fuſil qu'il portoit, ce qu'ayant refuſé de faire; je lui ai déclaré que je le ſaiſiſſois entre ſes mains, & que je l'en établiſſois ſéqueſtre, en conſéquence je lui ai donné aſſignation, &c.
de tout quoi j'ai fait le préſent Procès-verbal.

Modèle de Rapport en fait de Pêche.

L'An mil ſept cent; &c.
je ſouſſigné certifie qu'étant ſur le bord de la Riviere de en lieu dit j'aurois trouvé les nommés habitans de Pêcheurs de leur profeſſion, ſortans de leur nacelle dans laquelle je ſerois entré & où j'aurois trouvé une grande quantité de Brochetons, Perches & autres Poiſſons, qui n'étoient point de la longueur preſcrite par l'Ordonnance, & qu'ils venoient de pêcher avec des filets non marqués, pour quoi j'aurois rejetté à l'eau leſdits Poiſſons, & j'aurois ſaiſis les filets que j'ai dépoſés au Greffe de ladite Maîtriſe, en conſéquence, j'ai donné aſſignation, &c. de tout quoi j'ai fait le préſent Procès-verbal.

En ſuivant exactement ce que nous avons

dit dans les Sections qui concernent la Chasse & la Pêche, un Garde saisira facilement dans son Procès-verbal toutes les circonstances relatives aux Délits qu'un peut commettre sur ces deux Objets.

SECTION VI.

Des Exemptions & Privilèges accordés aux Gardes des Eaux & Forêts.

1°. Ils sont exempts de Guet & de Garde ainsi que de la Milice.

1°. Ils sont aussi exempts de logement de Gens de guerre, Ustenciles, Fournitures, Contributions & Subsistances.

3°. Ils sont exempts de Tutelle, Curatelle, Collecte de deniers du Roi & de toutes autres charges publiques.

4°. Ils doivent être taxés d'office à la Taille par l'Intendant de la Province.

5°. Ils ont toutes leurs causes commises au Présidial du ressort.

6°. Ils ont la liberté de porter des armes pour la défense de leurs personnes.

7. Ils peuvent mettre trois Porcs en

glandée dans les Forêts du Roi.

Enfin, ils ſont ſous la ſauve-garde & protection du Roi.

Pour ne point groſſir inutilement ce petit Ouvrage, nous n'y joindrons pas tous les Arrêts du Conſeil qui juſtifient les Privileges & Exemptions dont nous venons de parler ; il n'eſt pas d'Officiers dans les Maîtriſes qui ne les ayent, & qui ne puiſſent en aider le Garde dans le beſoin.

CHAPITRE III.

Tarif alphabétique de tous les Délits qui se commettent ordinairement dans les Eaux & Forêts.

A

ABROUTISSEMENT, *Voyez* Bestiaux.

ADJUDICATAIRE. 1°. Il est défendu à tout Adjudicataire de recevoir aucun bois par forme de remplage, sous prétexte de places vuides ou de chemins qui se sont rencontrés dans les Ventes, à peine de restitution du quadruple. *Ordonnance de* 1669. Tit. 15. *Art.* 13.

2°. Un Marchand qui après l'Adjudication d'une Vente, en auroit obtenu le changement, doit être condamné à la restitution du quadruple du prix des ventes échangées. *Ibid. Art.* 14.

3°. Il est défendu à tous Eccléfiastiques, Gentil-hommes, Gouverneurs, Capitaines des Châteaux, leurs Lieutenans, Officiers & Magistrats de Police & de Finance, de se rendre Adjudicataires ni Cautions des Adjudicataires même sous des noms interposés, à peine de confiscation des Ventes ou du prix, & d'être déchus de leurs Priviléges, déclarés roturiers & imposés à la Taille. *Ibid. Art.* 21.

4°. La même défense a lieu pour les les Officiers des Eaux & Forêts, sous pareille peine & privation de leurs Charges.

5°. Il est défendu à tout Marchand de faire aucune monopole, ni association secrette pour empêcher par des voyes indirectes les encheres sur les bois; à peine de confiscation & d'amende, & même d'être banni des Forêts. *Ibid. Art* 23.

6°. Un Adjudicataire ne peut pas avoir plus de trois associés, qu'il doit nommer au Greffe de la Maîtrise, où il est obligé de déposer une expédition du traité de

A

société ; à peine de mille livres d'amende & de déchéance de la société. *Ibid. Art.* 24.

7°. Un Adjudicataire des bois de Futaye est tenu d'avoir un Marteau, dont il doit déposer au Greffe l'empreinte, pour marquer les bois qu'il vendra en corps d'arbre, sans qu'il puisse en débiter de cette qualité, qui n'ait cette marque : il est de plus obligé d'avoir lui ou ses facteurs, un registte dans lequel seront inscrits les noms, surnoms & demeures de ceux à qui il vendra du bois ; à peine de cent livres d'amende & de confiscation : plusieurs associés ne peuvent avoir qu'un Marteau, ni en marquer d'autres bois que ceux de leurs Ventes ; à peine d'être punis comme faussaires. *Ibid. Art.* 37.

8°. Les Adjudicataires sont responsables de tous les délits commis à l'ouie de la coignée, aux environs de leurs Ventes, savoir, à cinquante perches de distance pour les bois de cinquante ans & au-dessus, & à vingt-cinq perches pour ceux qui sont au-dessous de cinquante ans ; par conséquent ils doivent être condamnés comme s'ils avoient eux-mêmes commis les Délits, quand leur Facteur n'en a pas fait de Rapport contre les coupables. *Ibid. Art.* 29. & 51.

9°. Les Adjudicataires doivent faire couper les bois tant Futaye que Taillis de leurs Ventes avant le quinze d'Avril; à peine d'amende & de confiscation des Marchandises. *Ibid. Art.* 40.

10°. Il est défendu aux Adjudicataires de faire couper le bois de cepées à la serpe ou à la scie; mais seulement à la coignée, à peine de cent livres d'amende & de confiscation des bois coupés, & outils des ouvriers. *Ibid. Art.* 44.

11. Un Adjudicataire doit vuider sa coupe pour le terme qui lui est prescrit par le cahier des charges, à peine de confiscation, d'amende & d'être responsable des Délits qui se commettroient dans la Vente & dans la Réponse. *Ibid. Art.* 47. Tit. 24. *Art.* 9.

12°. Il est défendu aux Adjudicataires de retenir dans leurs Ventes d'autres bois que ceux qui en proviennent; à pei-

A

ne d'être punis comme voleurs. TIT. 15. *Art.* 48.

13°. Il eſt pareillement défendu aux Marchands & à tous autres de travailler dans leurs Ventes pendant la nuit, ni les jours de Fêtes & Dimanches, ni même d'y prendre & enlever du bois pendant ces tems, ni pendant la tenue des Aſſiſes, à peine de cent livres d'amende. *Ibid.* *Art.* 49. & TIT. 12. *Art.* 3.

14°. Si pendant l'adjudication d'une Vente, un Adjudicataire outrepaſſoit les Pieds-corniers, & faiſoit couper quelque choſe au-délà, il doit être condamné à en payer le quadruple, à raiſon du prix principal de ſon adjudication; & ſi le bois coupé étoit de meilleur qualité que celui de la Vente, il doit en payer l'amende & les reſtitutions, au pied-le-tour. TIT. 16. *Art.* 9.

15°. Il eſt défendu aux Adjudicataires de tenir aucun attelier ni de faire travailler leurs bois ailleurs que dans les Ventes, à peine de cent livres d'amende & de confiſcation. TIT. 27. *Art.* 30.

Voyez les mots, *Bucherons*, *Cendres*.

A

Charbon. Exploitation, Fosses à-Charbon, Réponse d'une Vente.

ADJUDICATION. Il est défendu de faire aucune Adjudication de bois ailleurs que dans les Auditoires, à peine de nullité & de dix mille liv. d'amende contre l'Officier contrevenant. TIT. 15. *Art.* 3.

AFFOUAGE. Il est défendu aux habitans d'une Paroisse de vendre le bois qui leur est délivré chaque année pour leur Affouage; & cela sous peine de trois cent livres d'amende & de confiscation, *Arrét du Conseil du trois Mars 1693, autre du 4 Septembre 1770.*

AFFUT. Il est défendu d'entrer de nuit dans les Forêts, bois & buissons en dépendans avec des armes à feu; à peine de cent livres d'amende, même de punition corporelle. TIT. 30. *Art.* 4

AIRES-D'OISEAUX. Il est défendu de prendre dans les Forêts du Roi, dans ses Garennes, Buissons & Plaines, aucun Aire-d'Oiseau, de quelque espéce que ce soit, & par-tout ailleurs les œufs de Caille, Perdrix & Faisans; à peine de cent livres d'amende pour la premiere

A

fois, du double pour la seconde fois, & du fouet & du bannissement pour la troisiéme. *Ordonnance de* 1600 *& de* 1601. *Art.* 2. *Ordonnance de* 1669. TIT. 30. *Art.* 8.

La même défense a lieu pour les Terres des Seigneurs. *Réglement de la Table de Marbre de Paris du* 13 *Avril* 1600, *Art.* 2.

Les Gardes dans le cantonnement desquels il se trouve des Aires-d'Oiseaux, doivent être chargés de leur conservation par un acte particulier, & ils en demeurent responsables. *Ordonnance de* 1669. TIT. 3. *Art.* 9.

AMENDES. Il est défendu aux Officiers de prononcer les Amendes moindres que ce qu'elles sont réglées par les Ordonnances, ni de les modérer ou changer après le Jugement; à peine de répétition contre les officiers, de suspension de leurs charges pour la premiere fois, & de punition en récidive. TIT. 32. *Art.* 14. *Edit de Mai* 1716. *Art.* 50.

2°. Les Amendes des Eaux & Forêts produisent la contrainte par corps contre

A

ceux qui y ſont condamnés. *Ibid. Art.* 18. *Edit de* 1716. *Art.* 44.

3°. Elles ſe preſcrivent par dix ans. TIT. 32. *Art.* 25.

4°. Les Amendes, Reſtitutions, Dommages & intérêts pour Délits commis dans les Eaux & Forêts des Seigneurs & Gens de main morte, ſont les mêmes que pour les Délits commis dans les Eaux & Forêts du Roi. *Ibid Art.* 28.

5°. Il eſt défendu aux Officiers des Maîtriſes royales de prononcer des amendes au profit d'autres que du Roi, à peine de répétition du quadruple, & d'amende arbitraire contre eux. *Arrêt du Conſeil du* 10 *Septembre* 1748.

ARBRES. Il eſt défendu à toutes perſonnes de charmer ou de brûler les Arbres, à peine de punition corporelle. *Ordonnance de* 1669. TIT. 27. *Art.* 22.

2°. Il eſt défendu de faire aucun plant d'arbres ſur les Rivieres navigables; à peine d'amende arbitraire. *Ibid. Art.* 42.

3°. Il eſt défendu de couper les branches d'arbres, à peine d'amende & de reſ-

A

titution au pied le-tour. *Ibid.* TIT. 23. *Art.* 13.

Voyez, *Avenues*, *Délits*, *Réserves.*

ARMES-PROHIBEES. Il eſt défendu à toutes perſonnes ſans diſtinction de qualité, de tems ni de lieu, de ſe ſervir d'armes-à-feu briſées par la croſſe ou par le canon, & de canne ou bâton creuſés, même d'en porter ſous quelque prétexte que ce puiſſe être, & à tous ouvriers d'en fabriquer & façonner, à peine contre ceux qui en ont, de cent livres d'amende outre la confiſcation pour la premiere fois, de punition corporelle pour la ſeconde, & contre les ouvriers de punition corporelle pour la premiere fois. TIT. 30. *Art.* 3.

ARPENTEUR. Un Arpenteur doit remettre daus la-huitaine au Greffe de la Maîtriſe, ſes Procès-verbaux d'aſſiettes & recollement des Ventes, ainſi que ceux concernans la reconnoiſſance des Bornes, Lizières, Foſſés, &c. à peine d'interdiction pour la premiere fois & de privation de ſa place en récidive. TIT. 11. *Art.* 5.

2. Il doit ſous la même peine viſiter

A

une fois l'année, tous les fossés, bornes & arbres de Lizères de la Maîtrise, pour connoître s'il y a quelque chose du changé, coupé, arraché ou transporté, & en déposer au Greffe son Procès-verbal trois jours après la visite.

4°. Si un Arpenteur avoit par connivence, faveur ou corruption celé un transport ou arrachement de bornes, souffert ou fait lui même un changement de Pied-cornier, il doit être privé de sa Commission, condamné à l'amende de 500 livres & banni à toujours des Forêts, sans que les Officiers puissent modérer cette condamnation, à peine de perdre leur état. *Ibid. Art* 8.

4°. L'Arpenteur doit se conformer pour les Assiettes des bois à vendre à la désignation qui lui en aura été donnée par le Grand-Maître, à peine d'interdiction. TIT. 15. *Art.* 4.

5°. Il est défendu aux Arpenteurs de faire les routes plus larges que de trois pieds, pour passer les Portes-perches & les Marchands qui viennent pour visiter les ventes, à peine de cent livres d'amende

A

& de restitution du double de la valeur du bois abbatu. *Ibid. Art* 7.

6°. Il est aussi défendu à l'Arpenteur de disposer du bois coupé dans ces routes ou tranchées, qui doit demeurer au profit de l'Adjudicataire, à peine de cent livres d'amende & de d'interdiction. *Ib. Art*. 8.

7°. L'Arpenteur ne peut mesurer plus grande ni moindre quantité dans chaque Triage, que celle qui lui a été prescrite par le Grand-Maître pour l'assiette, sous quelque prétexte que ce soit, ensorte que le plus ou le moins ne puisse excéder un arpent sur vingt, à peine d'interdiction & d'amende, & s'il tomboit jusqu'à trois fois dans cette erreur, il y auroit lieu de l'interdire & de le déclarer incapable de faire les fonctions d'Arpenteur. TIT. 15. *Art*. 10.

8°. Un Arpenteur qui commet des Délits dans une Forêt, doit être condamné à une double amende, & en récidive banni des Forêts. TIT. 32. *Art* 5. & 6.

APPAS. Il est défendu sous peine de punition corporelle, de jetter dans les

Rivieres, aucune chaux, noix-vomique, coque du levant & autres drogues ou appas. TIT. 31. *Art.* 14.

ASSISES. 1°. Tout Délit commis dans les bois pendant la tenue des Assises, doit être puni comme vol. TIT. 2. *Art.* 3.

2°. Il est défendu aux Officiers, lors des Assises, de taxer à certaine somme, pour être déchargés, ceux qui sont convaincus d'avoir commis des Délits, à peine d'amende. *Ibid. Art.* 10.

3°. Il est pareillement défendu aux Officiers qui tiennent les Assises, de recevoir aucun présent ou équivalent, sous prétexte d'Épices, Signatures de Jugemens, Vacations ni autrement, à peine de concussion. *Ibid. Art.* 11.

4°. Ceux qui sont obligés de comparoitre aux Assises, & qui sont défaillans, doivent être condamnés pour la premiere fois à trois livres & pour la deuxiéme à six livres d'amende. *Arrêt du Conseil du 2. Décembre.* 1738.

ASSOCIATION secrete entre Marchand. Voyez, *Adjudicataire*, N°. 5.

AVENUES. Il est défendu à toutes

personnes de faire couper aucun arbre de Futaye, même dans les Avenues des Châteaux, sans en avoir fait auparavant la déclaration au Greffe de la Maîtrise, comme pour les autres bois. *Arrêt du Conseil du 1. Septembre.* 1703.

B

BALIVEAU. Il est défendu aux Adjucataires de couper dans les Ventes, aucun des Baliveaux marqués, à peine de cinquante livres d'amende & autant de restitution, dommages & intérêts ; quand les Baliveaux de l'âge du Taillis sont au-dessous de vingt ans, l'amende n'est que de dix livres ; avec pareille somme de restitution. TIT. 32. *Art.* 4 & 8.

BATARDEAU. Il est défendu de faire sans permission des Bâtardeaux sur les rivieres navigables & flotables, à peine d'amende. TIT. 27. *Art.* 42, & 43.

BATONS-CREUSÈS. Voyez, *Armes prohibése.*

BESTIAUX. 1°. Les Bestiaux des Usagers ne peuvent aller pâturer que dans les bois défensables, à peine de confiscation & d'amende. TIT. 19. *Art.* 3 & 4.

B

2e Les Bestiaux des Usagers doivent être marqués & l'empreinte de la marque doit être déposée au Greffe de la Maîtrise, il faut qu'ils ne forment tous qu'un seul troupeau, qui doit être conduit par le chemin désigné par les Officiers, & non par aucun autre, à peine de confiscation des Bestiaux, d'amende contre le Propriétaire, & de punition exemplaire contre le Pâtre. *Ibid. Art.* 6.

3°. Il est défendu à tous habitans même aux Seigneurs qui ont droit de troupeau à part, de méner ni envoyer dans les bois des Bestiaux à Garde séparée, à peine de dix livres d'amende pour la premiere fois, de confiscation pour la seconde, & de privation de tout usage pour la troisiéme. *Ibid. Art.* 8.

4°. Il est défendu de méner ni envoyer dans les Forêts des bêtes à laine, Chévres, Brebis & Moutons, ni méme dans les Landes & Bruyeres, Places vuides & vagues aux rives des Forêts, à peine de confiscation des Bestiaux, & de trois livres d'amende pour chaque bête; en outre, les Gardiens doivent être condamnés à dix

B

livres d'amende pour la premiere fois, fustigés & bannis du ressort de la Maîtrise, en cas de récidive : les Propriétaires & Peres de famille sont civilement responsables des condamnations pécuniaires prononcées contre les Gardiens. *Ibid. Art.* 13.

5°. Les Bestiaux que les Usagers nourrissent, peuvent seuls jouir du droit de pâturage, & non ceux dont ils font trafic & commerce, à peine d'amende & de confiscation. *Ibid. Art.* 14.

6°. Les Bestiaux trouvés en délit ou hors des routes ou chemins désignés doivent être confisqués, & quand on n'a pu les saisir, les Propriétaires doivent être condamnés à vingt livres d'amende pour chaque cheval, bœuf ou vache, cinq liv. pour chaque veau, & trois livres pour chaque mouton ou brebis; le double pour la seconde fois, & pour la troisiéme fois le quadruple de l'amende avec bannissement des Forêts contre les Pâtres & Gardiens dont les Maîtres, Peres, Chefs de famille & Propriétaires sont civilement responsables. TIT. 32. *Art.* 10.

B

7°. Il est défendu aux Usagers & à tous autres, de mener leurs bestiaux, sous tel prétexte que ce soit, pendant cinq ans, à compter du jour de l'incendie, dans les Landes & Bruyeres où le feu a passé, même d'en approcher plus près que d'un demie lieue, à peine de confiscation & de cinq cens livres d'amende, & de plus considérable s'il y a lieu. *Arrêts du Conseil des 29 Juin 1728, 25 Avril & 13 Juin 1741.*

BICHE. Voyez *Cerf & Chasse.*

BIRES. Il est défendu aux Pêcheurs de mettre des Bires ou Nasses d'osier à bout des Dideaux pendant le tems de fraie, à peine de vingt livres d'amende pour la premiere fois, outre la confiscation, & & en cas de récidive privé de la Pêche pendant un an. TIT. 31. *Art.* 8.

BLEDS. Il est défendu sous peine de cinq cens livres d'amende & des dommages & intérêts des Propriétaires, de chasser sur les terres ensemencées, dès que le bled monte en tuyau. TIT. 30. *Art.* 18.

BOIS. Il est défendu d'arracher des plants

B

plants de Chênes, Charmes & autres Bois ſans une permiſſion du Roi revêtue de l'attache du Grand-Maître, dans les Forêts du Roi, & ſans la permiſſion des Seigneurs dans leurs bois, à peine de punition exemplaire, & de cinq cens livres d'amende. TIT. 27. *Art.* [illegible]1.

2°. Il eſt pareillement défendu de porter aucun obſtacle au tranſport, paſſage, voiture ou flottage des bois tant par terre que par eau, ſous quelque prétexte que ce ſoit, à peine de répondre de tous les dépens, dommages & intérêts des Marchands. *Ibid.* TIT. 15. *Art.* 52.

3°. Il eſt auſſi défendu de faire aucune plantation de bois à cent perches des Forêts du Roi, ſans ſa permiſſion, à peine de cinq cens livres d'amende & de confiſcation de ces bois qui ſeront arrachés & coupés. TIT. 27. *Art.* 6.

4. Il n'eſt pas permis de ſortir des bois hors du Royaume. Voyez *Exportation.*

BORNES. Les Loix défendent rigoureuſement d'arracher ou de déplacer les bornes.

BOUILLER. Il eſt défendu de ſe ſervir de Bouilles pour pêcher dans les noues, en quelque tems, & en quelque maniere que ce ſoit, à peine de cinquante livres d'amende & d'être banni des Rivières pour trois ans. TIT. 31. *Art.* 11.

BRACONIER. 1°. Les Braconiers doivent être condamnés pour la premiere fois au fouet & en trente livres d'amende, pour la ſeconde, fuſtigés, flétries & bannis pour cinq ans hors de la Maîtriſe. TIT. 30. *Art.* 12.

2°. Ceux qui achetent du Gibier des Braconiers, doivent être condamnés aux mêmes peines qu'eux. Voyez, *Gibier.*

BRANCHAGES. Les Branchages & Remanens des arbres délivrés pour les bâtimens, doivent être vendus au Siége de la Maitriſe, ſans que les Búcherons puiſſent les emporter ni en diſpoſer ſous quelque prétexte que ce ſoit, à peine d'amende & de reſtitution du double de la valeur, dont l'Entrepreneur à qui la délivrance en a été faite eſt reſponſable. TIT. 21. *Art* 5.

BUCHERONS. 1°. Il eſt défendu aux Bûcherons & autres ouvriers travaillans dans les Forêts, d'emporter des Atteliers aucune ſorte de bois, à peine de cinquante livres d'amende & de punition en récidive. Tit. 27. *Art.* 26.

2°. Un Bûcheron qui commet dans les bois un Délit pendant la nuit, doit être condamné à une double amende, & en récidive banni des Forêts. Tit. 32. *Art.* 5. & 6.

C

CAPITAINERIE. 1°. Il eſt défendu à toutes perſonnes, même aux Hauts-Juſticiers de telle qualité qu'ils ſoient, de chaſſer dans l'étendue des Capitaineries royales ſans permiſſion. Tit. 30. *Art.* 20.

2°. Il eſt de même défendu d'y faire aux murs de clôture aucun trou qui puiſſe donner paſſage au Gibier, à peine de dix livres d'amende. *Ibid. Art.* 21.

3°. Il eſt pareillement défendu d'y faire faucher les Prez avant la St. Jean-Baptiſte, à peine de confiſcation & d'amende. *Ibid. Art* 23.

4°. Il eſt auſſi défendu de faire dans les Plaines des Capitaineries des clôtures d'héritages en maçonnerie ſans permiſſion du Roi. *Ibid. Art.* 24.

5. Il eſt défendu à tous particuliers autres que les Propriétaires, Fermiers ou leurs propoſés d'enlever dans les héritages ſitués dans les Capitaineries, des herbages pendant le tems que les perdrix couvent. Il eſt de même défendu à tous Propriétaires & Fermiers d'y faire des foſſés autours de leur héritages, dans les Plaines de la Varenes du Louvre, à peine de cent livres d'amende; il eſt de plus enjoint ſous la même peine, de faire combler les trous des carrieres où il n'y a ni roues ni engins à traviller. *Ordonnance du 9 Août 1666, & Déclaration du Roi du 11 Juin 1709. Art* 18.

CARRIERE. Il eſt défendu d'ouvrir aucune Carriere dans l'étendue & aux reins des Forêts, ſans permiſſion expreſſe du Roi & ſans l'attache du Grand-Maître du Département, à peine de mille livres d'amende & des dommages & intérets réſultans des ouvertures. *Arrêt du Conſeil du 23 Décembre 1690.*

2°. Il eſt pareillement défendu d'en

C

ouvrir à ſix toiſes près des Rivieres navigables, à peine de cent livres d'amende. TIT. 27. *Art.* 40.

CENDRES. Il eſt défendu à toutes Perſonnes même aux Marchands, de faire des cendres dans les Bois, & aux Officiers de le ſouffrir, à peine d'amende & de confiſcation, s'il n'y a Lettres-Parentes vérifiées ſur l'avis du Grand-Maître. TIT. 27. *Art.* 19. *Arrêt du Conſeil du* 30 *Janvier* 1725, *&* 6 *Juillet* 1756.

2°. Quand le Roi a permis de faire des Cendres dans ſes Bois, on ne peut en faire façonner ailleurs que dans les Ventes, & dans les endroits déſignés par les Officiers : il eſt même défendu de les faire tranſporter ſi ce n'eſt dans des tonneaux marqués du marteau du Marchand, à peine d'amende arbitraire & de confiſcation. TIT. 27. *Art* 21 *&* 22.

3°. Un Arrêt du Conſeil du 10 Février 1780, défend l'exportation des Cendres dans le Pays étranger, à peine de 3000 livres d'amende & de confiſcation.

CERCLIERS. Ne peuvent s'établir dans

la distance d'une demie lieue des Forêts. *Voyez*, Forêts, *N°. 5.*

CERF. La Chasse du Cerf, de la Biche & du Faon est défendu sous peine de 250 livres d'amende pour la premiere fois, & de 500 livres pour la récidive. *Ord. de* 1601. *Art.* 12 & 15.

CHABLIS. Suivant l'Art. 4 du TIT. 17 de l'Ordonnance de 1669, les Chablis devoient être vendu aussi-tôt après la reconnoissance faite par les Officiers de la Maîtrise; mais par Arrêt du Conseil du 30 Décembre 1687, il est expressement défendu aux Officiers de procéder à la vente des Chablis, qu'il n'y en ait au moins pour dix cordes dans chaque Forêt, à peine de répondre en leur nom, des délits qui seroient commis pendant l'usance de ces Chablis, & à peine d'interdiction : le tems de la vuidange ne doit être que d'un mois, à peine de confiscation.

CHANVRE. Voyez, *Rouissage des Chanvres.*

CHARBON. 1°. Il est défendu de faire sortir du Charbon hors du Royau-

C

me. *Voyez*, Exportation.

2°. Il est enjoint aux Marchands de placer leurs Fosses-à chabon dans les endroits les plus vuides & les plus éloignés des arbres, à peine d'amende. TIT. 27. *Art.* 22.

CHARRONS. Il leur est défendu de tenir leurs atteliers dans la distance d'une demie lieue des Forêts. *Voyez*, Forêt, *N°.* 5.

On leur permet cependant de s'établir dans cette distance, à charge de n'employer aucun bois de délit, & de justifier dans tous les tems, de l'achat des bois propres à leur profession, à peine confiscation & d'amende. C'est aux Grands-Maîtres à accorder cette permission.

CHARTREUX. Ils administrent par eux-mêmes leurs bois, ils doivent seulement envoyer au Ministre des Finances, & au Ministre de la Marine, une déclaration des Futayes qu'ils veulent faire couper, & cela, six mois avant, à peine de trois mille livres d'amende & de confiscation. *Arrêt du Conseil du* 2 *Février* 1634.

C

Il leur est défendu sous la même peine, de faire sortir leurs bois hors du Royaume, sans la permission du Roi. *Ibid.*

CHASSE. Il est défendu de chasser à feu, dans les Forêts. Tit. 30. *Art.* 4.

2°. Il est défendu à tous Seigneurs & Gentils-hommes de chasser dans les plaisirs du Roi, sans sa permission, à peine de quinze cens livres d'amende. *Ibid.* *Art.* 13.

3°. Il est défendu de chasser avec des chiens-couchans, à peine de deux cens livres d'amende pour la premiere fois, du double pour la seconde & du triple pour la troisiéme, outre le bannissement à perpétuité hors de la Maîtrise. *Ibid.* *Art.* 16.

4°. Il est pareillement défendu à toutes personnes de chasser à pied ou à cheval sur les terres ensemencées depuis que le bled est en tuyau, & dans les vignes, depuis le premier jour de Mai jusqu'après la dépouille, à peine de privation du droit de chasse, de cinq cens livres d'amende & des dommages & intérêts des propriétaires. *Ibid.* *Art.* 18.

C

5. La Chasse est interdite à tous marchands, artisans, bourgeois & autres non possédans Fief ou Haute-Justice, à peine de cent livres d'amende pour la premiere fois, du double pour la seconde, & du carcan & du bannissement de la Maîtrise pendant trois ans, pour la troisiéme fois. *Ibid. Art.* 28.

6°. En cas de démembrement de la Justice, il n'y a que celui qui a la portion procédente de l'aîné, qui ait le droit de chasse. *Ibid. Art.* 27.

Dans la Lorraine & dans le Clermontois, il faut être Seigneur Haut-Justicier pour jouir du droit de chasse : en Lorraine on la permet cependant au Seigneur d'un Fief circonscrit & limité.

7°. La Chasse aux Petits-Oiseaux & à tous autres de passage, est interdite comme toutes les autres Chasses. *Réglement de la Table de Marbre de Paris du 30 Avril* 1600.

8°. La Chasse du Cerf, de la Biche & du Faon est réservée au Roi seul, & personne ne peut y chasser sans sa permission expresse. *Ordonnance de* 1669. *Tit.* 30, *Art.* 15. Voyez, *Cerf.*

CHEVRES, CHEVAL. *Voyez*, Bestiaux.

CHIENS. 1°. Il est défendu à tous ceux qui n'ont ni droit ni permission de Chasse, de nourrir chez eux aucun Chien de chasse, à peine d'amende. *Ordonnance de* 1515. *Art.* 16. *de* 1600 & 1601. *Art.* 10. & *de* 1607. *Art.* 6.

2°. Quant aux Mâtins que les Gens de campagne nourrissent, il leur est défendu de les méner aux champs, s'ils n'ont le jaret coupé ou un billot au col. *Ordonnance de* 1707. *Art.* 7.

3°. Les Bergers doivent tenir toujours en lesse leurs chiens, si ce n'est quand il s'agit de les lâcher pour la conduite de leur troupeau, à peine du fouet. *Ibid. Art.* 7. *Ordonnance de* 1515. *Art.* 10. & 1601. *Art.* 3.

CHOMMAGE. Le Chommage d'un Moulin situé sur une Riviere navigable & flotable, est fixé à quarante sols pendant vingt-quatre heures, payables par ceux qui ont causé le Chommage pour

C

leur navigation ; il est défendu d'exiger une plus grosse somme, & de retarder en aucune maniere la navigation, à peine de mille livres d'amende. *Ordonnance de* 1669. TIT. 27. *Art.* 45.

COMMERCE DE BOIS. Ceux qui habitent les maisons situées dans les Forêts & sur leurs rives, ne peuvent y faire commerce ni tenir attelier de bois, ni en faire plus grand amas que ce qui est nécessaire pour leur chauffage, à peine de confiscation, d'amende & de démolition de leurs maisons. TIT. 27. *Art.* 30.

COMMISSAIRE DE LA MARINE. Il est défendu à tous Commissaires de la Marine & autres chargés de la reconnoissance des arbres propres pour le service du Roi, de donner aucune permission aux particuliers, de couper leurs bois de Haute-Futaye, avant l'expiration des six mois, à compter du jour de la déclaration faite au Greffe de la Maîtrise, à peine de trois cens livres d'amende, & restitution du double de la valeur des bois. *Arrêt du Conseil du* 25 *Mars* 1725, *&* *du* 15 *Janvier* 1726.

D vj

C

CONDUCTEURS DES BATEAUX. Il eſt défendu à tous Conducteurs de Bâteaux & autres d'avoir dans leurs Bâteaux ou Nacelles ou Flottes, aucun engin à pêcher, de telle eſpéce que ce puiſſe être, à peine de cent livres d'amende & de confiſcation. TIT. 30. *Art.* 15.

CONFISCATION. La Confiſcation n'eſt pas acquiſe de plein droit dans tous les cas où elle eſt preſcrite, il faut qu'elle ſoit ordonnée par un Jugement; juſques là les Gardes doivent ſe borner à la ſaiſie ſur laquelle on prononce.

COURS-D'EAU. Il eſt défendu d'affoiblir ou d'altérer le Cours-d'eau des Rivieres navigables par des tranchées, ſeignées ou autrement, à peine d'être puni comme uſurpateur. TIT. 27. *Art.* 44.

CROIX DES CHEMINS. Il eſt défendu de les abbattre, à peine de cent livres d'amende & de punition exemplaire. TIT. 28. *Art.* 6.

D

DÉCLARATION DES BOIS. Il

D

eſt défendu à tous Propriétaires de couper aucun arbre de Futaye, de telle eſpéce que ce ſoit, ſans en avoir fait la Déclaration au Greffe de la Maitriſe du reſſort, ſix mois auparavant, à peine de Confiſcation, & de trois mille livres d'amende. Cette défenſe a pour objet non-ſeulement les Arbres des Forêts; mais encore ceux des Avenues & des Parcs. *Arrêt du Conſeil des 9 Novembre 1683, 10 Mars 1685, 21 Septembre 1700, 13 Septembre 1703, 6 Septembre 1723. & 1 Mars 1757.*

DÉFRICHEMENT. Il eſt défendu à toutes perſonnes même aux Gens-de-main morte, de défricher leurs bois de telle nature qu'ils ſoient, ſans permiſſion du Roi, à peine de trois mille d'amende pour chaque arpent de Futaye, & de trois cens livres pour chaque arpent de Taillis, & de retablir les bois à leurs frais. *Arrêts du Conſeil du 28 Juin 1701, 9 Novembre 1703, 7 Novembre 1713, 16 Mai 1744. 22 Février 1729. 29 Mars 1755, & 25 Février 1749.*

DÉLITS. L'amende ordinaire pour les Delits commis depuis le lever juſqu'au

D

coucher du ſoleil, ſans feu & ſans ſcie, eſt, pour la premiere fois de quatre livres pour chaque pied de tour de chêne & de tous arbres frutiers indiſtinctement, même de Chataignier; de cinquante ſols pour chaque pied de tour de Saulx, Hêtre, Orme, Tilleul, Sapin, Charme & Frêne, & de trente ſols pour chaque eſpéce de tous autres arbres, le tout pris & meſuré à demi-pied de terre. Il en eſt de même pour les arbres ébranchés, déshonorés & écorcés. Quand les Délits ont été commis pendant la nuit, ou par feu & par ſcie, l'amende eſt double, & il y a toujours au moins pareille ſomme de reſtitution, dommages & intérêts. TIT. 32. *Art.* 1, 2. 5 & 8.

2°. C'eſt un Délit de couper un arbre quoique ſec, s'il eſt ſur pied, & celui qui l'a commis doit être punis comme s'il avoit coupé un arbre vif. TIT. 27. *Art.* 33.

3°. Quand après avoir coupé un arbre, un Délinquant le convertit en planches ou bois de charpente ou de chauffage, avant que le Garde ait pu conſtater ni

D

découvrir la Souche dont il provient, & qu'il rencontre seulement la voiture dont il est chargé, sans justifier qu'il provient d'une Vente ouverte, par la représentation soit de l'empreinte du marteau du Marchand, soit d'un certificat du Facteur; l'amende est de vingt-quatre livres pour la voiture de planches, merrein ou bois de charpente, quinze livres pour celle de chauffage, quatre livres pour la charge d'un cheval ou d'un bourique, & toujours au moins pareille somme de restitution, dommages & intérêts, & en outre la confiscation des chevaux, bourique & harnois, ainsi que des outils avec lesquels le Délit a été commis, & qu'on trouve entre les mains du Délinquant. *Ibid. Art.* 3, 8 & 9.

4°. Pour le fagot ou fouée, l'amende est de vingt sols & autant de restitution, dommages & intérêts. *Ibid.*

5°. Pour Baliveaux, Réserves, Parois, Arbres-de-Liziere coupés, l'amende est de cinquante livres, de cent livres pour un Pied-cornier, & de deux cens livres quand il a été déplacé, & toujours au moins pareille somme de restitution ; quand les Baliveaux de l'âge du Taillis, sont au-dessous de vingt ans, l'amende n'est que de dix livres. *Ibid. Art.* 4.

6. Quand les Délits ont été commis pendant la nuit, l'amende & la restitution sont doubles, & quand ils l'ont été par des Officiers, Gardes, Arpenteurs, Marchands, Facteurs & Ouvriers employés à l'exploitation des Forêts, ils doivent de plus en être bannis. *Ibid. Art.* 5 & 6

7°. Il est défendu d'acheter du bois coupé en Délit, à peine des mêmes amendes & restitutions ausquelles auroient été condamnés les Délinquans, s'ils eussent été trouvés sur le fait. *Arrêt du Conseil du 27 Janvier* 1750.

8°. En Lorraine, l'amende ordinaire pour les Délits commis dans les bois, est de cinq francs pour chaque brin de chêne de l'âge du Taillis, de dix francs pour un Baliveau, de vingt francs pour un Baliveau de la coupe précédente, & de trente pour un arbre de vielle écorce; l'amende est double pour les Délits com-

D

mis pendant la nuit : pour le Pied-cornier & Arbre-de-Lizière coupé, l'amende est de cinquante francs, & pour les Hêtres, Charmes, Frênes & autres espéces de bois ; l'amende pour un brin de l'âge du Taillis, n'est que de deux francs six gros, de cinq francs pour un Baliveau de la coupe, de six francs pour un Baliveau moderne, ainsi que pour les Arbres fruitiers, & de vingt francs pour un Arbre de vielle écorce ; pour un Fagot de coudrier, l'amende est deux francs six gros ; s'il y avoit du bois d'une autre espéce, elle seroit de cinq francs ; elle est de dix francs pour la charge d'un cheval, de vingt pour une charrette, enfin, de trente francs pour la charge d'un chariot. Les Juges ont la liberté, quand la valeur du bois coupé excéde l'amende, de fixer la restitution à une plus forte somme que l'amende.

Le Franc vaut en Lorraine, huit sols six daniers Tournois, vingt-quatre vingt huitiémes, & le gros huit deniers Tournoit, seize vingt huitiéme. *Ordonnance de Lorraine de 1701. Art. 29, & Ordon.*

D

de 1707. & *du* 31 *Janvier* 1724. TIT. 4. *Art*. 2.

DIMANCHE. Il eſt défendu aux Marchands & à tous autres, de travailler les jours de Dimanche & de Fête, dans les Ventes ouvertes, à peine de cent livres d'amende. TIT. 15. *Art*. 49.

Il eſt pareillement défendu du pêcher en ce jour, ſous peine de quarante livres d'amende. TIT. 31. *Art*. 4.

DOMMAGES ET INTÉRESTS. L'Article 8 du Titre 32 de l'Ordonnance de 1669, veut que l'on prononce avec l'amende, une ſomme au moins pareille de Dommages & Intérêts, pour Délits commis dans les bois.

2°. A l'égard de la Chaſſe, il n'eſt guères d'uſage d'en accorder, à moins qu'il n'y ait eu un abbatis conſidérable de Gibier. *Arrêt du Parlement du* 16 *Février* 1683.

3°. On en accorde pour des Lapins tués dans une Garenne, des Faiſans dans une Faiſanderie, & du Gibier dans un Parc.

D

Ces Principes peuvent s'appliquer à la Pêche.

4ᵉ. Quand on a chassé dans les vignes & dans les bleds, il y a lieu aussi à des Dommages & Intérêts envers les Propriétaires. TIT. 30. *Art.* 18.

DOMAINES. Il est défendu aux Officiers des Eaux & Forêts d'aliéner aucune des parties des Domaines, à peine de privation de Charges & de dix mille livres d'amende contre les Acquéreurs & de confiscation de tout ce qui auroit été semé, planté ou bâti. TIT. 27. *Art.* 1.

E

ECCLÉSIASTIQUES. Il est défendu aux Ecclésiastiques de se rendre Adjudicataires ou Cautions des ventes de bois. TIT. 15. *Art.* 21.

2°. La Chasse leur est interdite sous les mêmes peines que celles établies pour les Laïcs. *Ordonnance de* 1600, *Art.* 21.

Il faut en excepter la Contrainte par Corps, qui n'a pas lieu contre les Prêtres en matiere civile.

ÉCLUSES. Il est défendu de faire sans

permission, des Écluses sur les Rivieres navigables & flotables, à peine d'amende. Tit. 27. *Art.* 42.

ECORCES. Il est défendu à tous Marchands de faire pêler dans leurs Ventes, les bois sur pied, à peine de cinq cens livres d'amende & de confiscation. Tit. 2. *Art.* 22 & 28.

ENGAGISTES. 1. Il est défendu aux Engagistes de se mettre en possession des Domaines qui leur ont été adjugés, à moins que les Bois, Eaux & Garennes en dépendans, n'aient été préalablement évalués en la Chambre-des-Comptes, en présence du Grand-Maître ou sur son avis, à peine de dix mille livres d'amende & de réunion des Eaux & Bois engagés au Domaine. Tit. 22. *Art.* 3.

2°. Il leur est défendu de rien couper dans les bois, qu'en vertu des Assiettes, Martelages & Délivrances faites par les Officiers des Maîtrises, à peine de trois mille livres d'amende & de confiscation. *Ibid. Art.* 7.

3°. Il leur est pareillement défendu de faire couper aucun arbre, quand même

E

ce feroit pour réparation aux Bâtimens dépendans du Domaine engagé, fans Lettres-patentes, à peine de privation, de l'amende & reftitution au pied-le-tour, & même d'interdiction des Officiers qui en auroient fait la délivrance. *Ibid. Art* 6.

ENTREPRENEURS DES RÉPARATIONS. 1°. Les Entrepreneurs font refponfables des Délits commis dans les bois par les ouvriers, par qui font abbatu les arbres qui leur font accordés pour la réparation des bâtimens. TIT. 21. *Art* 4.

2°. Ils font pareillement refponfables dans ce cas, des amendes & reftitutions prononcées contre les ouvriers, qui ont difpofés des branchages & remanens des arbres qui leur ont été accordés. *Ibid. Art.* 5.

ÉPAVES. Tous ceux qui trouvent des Épaves fur les rivieres, doivent en avertir les Officiers des Maîtrifes dans les vingt-quatre heures, & il eft défendu de les enléver fans permiffion. TIT. 31. *Art.* 16 & 17.

ÉPERVIER. *Voyez*, Filets-prohibés.

E

ETANGS. Il eſt défendu à toutes perſonnes autres que les Propriêtaires ou leurs fermiers, de pêcher dans les Étangs, ſous peine d'être punis comme voleurs. TIT. 31. *Art.* 18. *Ordonnance de* 1607. *Art.* 8.

EXPLOITATION. Il eſt défendu ſous peine d'amende & de confiſcation, d'exploiter, c'eſt-à-dire, d'abbattre le bois pendant la féve, ce qui s'entend depuis le quinze d'Avril juſqu'au quinze d'Octobre. TIT. 15. *Art.* 40.

EXPORTATION. Il eſt défendu de faire ſortir hors du Royaume, ſans permiſſion du Roi, aucune eſpéce de bois ni de charbon, à peine de trois mille livres d'amende & de confiſcation. *Arrêt du Conſeil du* 11 *Avril* 1708, 18 *Août* & 31 *Octobre* 1722, 8 *Mars* 1723, & 2 *Fêvrier* 734.

2°. Il eſt pareillement défendu d'exporter des Cendres à l'étranger. *Arrêt du Conſeil du* 10 *Février* 1780.

F

FAGOT ou FOUÉE. *Voyez*, Délit N°. 4.

F

1°. Il eſt défendu d'abattre les Feines, ainſi que les Glands, à peine de cent livres d'amende. TIT. 27. *Art.* 27.

2°. Il eſt pareillement défendu d'en amaſſer & d'en emporter des Forêts, à peine de cinq livres d'amende pour la charge d'un homme, de vingt livres pour celle d'un cheval ou d'un bourique, & de quarante livres pour celle d'une voiture, du double en récidive, & du banniſſement du reſſort de la Maîtriſe, pour la troiſiéme fois, & dans tous les cas, de confiſcation des chevaux, bouriques & voitures qui en ſont trouvé chargés. TIT. 32. *Art.* 17.

FESTES. Il eſt défendu de travailler dans les bois ni de pêcher les jours de Fêtes. *Voyez*, Dimanche.

2°. Il eſt défendu aux Voituriers d'eau d'aller & conduire leurs Bâteaux ſur la Loire & les Rivieres affluantes, les jours des quatre Fêtes ſolemnelles de Noël, Pâques, Pentecôte & de la Touſſaint. *Déclaration du Roi du* 34 *Avril* 1703.

FEU. Il eſt défendu à toutes perſonnes

F

de porter & d'allumer du feu en quelque saison que ce soit, dans les Forêts, Landes & Bruyeres, à peine de punition corporelle & d'amende, outre la réparation du dommage causé par l'incendie dont les Communautés & autres qui ont choisi les gardes sont civilement responsables. TIT. 27. *Art.* 32.

2°. Il est aussi défendu de chasser pendant la nuit dans les bois, avec des torches ou des flambeaux allumés, à peine de punition corporelle & de cent livres d'amende. *Ibid.* TIT. 30. *Art.* 14.

3e. Les Pâtres & autres convaincus d'avoir porté du feu ou d'en avoir allumé dans les Forêts, Landes & Bruyeres, & d'avoir fait du feu plus près d'un quart de lieue desdits bois, landes & bruyeres doivent être punis pour la premiere fois du fouet, & en cas de récidive, des galères, & ceux qui ont mit de dessein prémédité, le feu dans les Landes & Bruyeres, doiveut être punis de mort, & tous ceux qui ont causé des incendies dans les bois, doivent être condamnés en outre, à une amende & aux dommages & intérèts

F

rêts soufferts par ces incendies. *Déclaration du Roi du 13 Novembre 1714.*

FEUILLAGES. Il est défendu de couper, arracher & emporter des forêts des Feuillages, à peine d'amende & de restitution selon le tour & la qualité des arbres desquels ils proviennent. TIT. 32. *Art.* 13.

FILETS-PROHIBÉS POUR LA CHASSE. Tous Tendeurs de lacs, tirasses, tonnelles, traîneaux, bricoles de corde & fil d'archal, hallier de fil ou de soye, doivent être condamnés au fouet pour la premiere fois & en trente livres d'amende, en récidive fustigés, flétris & bannis pour cinq ans de l'étendue de la Maîtrise. TIT. 30. *Art.* 12.

FILETS-PROHIBES POUR LA PÊCHE. Ce sont l'Épervier, le Gile, le Tramail, le Furet, & tous autres qui peuvent dépeupler les Rivieres, il est défendu de s'en servir, ni d'en avoir, à peine de cent livres d'amende, & quand dans leurs visites, les Officiers en trouvent, ils doivent les saisir, pour les faire brûler à l'issue de l'Audiance, & condam-

F

ner à l'amende prefcrite, ceux chez qui ils font trouvés. TIT. 31. *Art.* 10. & 25.

FOREST. 1. Il eft défendu à toutes perfonnes d'enlever, dans l'étendue & aux reins des Forêts, du fable, des terres, de la marne ou de l'argile, ni de faire de la chaux à cent perches de diftance, fans une permiffion expreffe, fans que les Officiers puiffent le fouffrir, à peine de cinq cens livres d'amende, & de confifcation des chevaux & harnois. TIT. 27. *Art.* 12.

2. Il eft auffi défendu d'ouvrir aucune carriere dans l'étendue & aux reins des Forêts, fans la permiffion du Roi & l'attache du Grand Maître, à peine de mille liv. d'amende, fans que les Officiers puiffent le fouffrir, fous peine d'interdiction, & de repondre en leur privé nom, des dommages & intérêts réfultans de ces fortes d'ouvertures. *Arrêt du Confeil du 23 Décembre 1609.*

3. Il eft défendu aux Inutiles & Vagabons de conftruire des maifons fur perches, dans la diftance de deux lieues des Forêts. TIT. 27. *Art.* 17.

4. Il eft défendu de faire des Cendres

dans les forêts. *Voyez*, *Cendres*.

5. Les Cercliers, Vaniers, Sabotiers, Charrons, & autres de pareille condition, ne peuvent tenir sans permission, leurs atteliers, dans la distance de demie lieue des forêts, à peine de confiscation des Marchandises, & de cent livres d'amende. *Ibid. Art.* 24.

FORGES. Il est défendu d'établir aucune forge ni fourneau, si ce n'est en vertu de Lettres-Patentes enregistrées, à peine de trois mille livres d'amende, de démolition & de confiscation des bois, charbons & usines. *Arrêt du Conseil du* 9 *Mars* 1720.

FOSSES-A CHARBON. Les Marchands qui font du charbon dans leurs Ventes, sont obligés d'en placer les fosses dans les endroits les plus vuides & les plus éloignés des arbres & du récru, & même de les repeupler & résemer, si cela leur est ainsi ordonné, à peine d'amende. TIT. 27. *Art* 22.

FRUITS DES ARBRES. *Voyez*, *Feines & Glands*.

G

GARDES. 1. Les Sergens-à-Garde ſont reſponſables des Délits, Dégats, Abus & & Abroutiſſemens, & doivent être condamnés à l'amende & aux reſtitutions, comme le ſeroient les Délinquans, faute d'en avoir fait leur Rapport contre eux. Tit. 10. *Art.* 9.

2. Lorſque dans les bois confiés à leur garde, il y a quelques Bornes déplacées, des foſſés ou des hayes ſervans de clôture aux Forêts, en mauvais état, ils doivent en dreſſer Procès-verbal, & en rendre compte aux Officiers, à peine d'en demeurer reſponſables & d'être punis d'amende, ainſi que des reſtitutions. *Ibid. Art.* 10.

3. Il leur eſt défendu de faire commerce de bois, ni d'en tenir attelier, & d'en faire des amas dans leurs maiſons, de s'aſſocier directement ou indirectement avec les Marchands, de tenir cabaret, ni de boire avec les Délinquans & Braconiers qui leur ſont connu, à peine de cent livres d'amende pour la premiere fois, & de plus grande avec deſtitution

G

en cas de récidive. *Ibid. Art.* 12. TIT. 27. *Art.* 31.

4. Il est défendu à toutes personnes de leur méfaire ni de les troubler dans leurs fonctions, à peine d'être punies suivant la rigueur de l'Ordonnance. TIT. 10. *Art.* 13.

5. Il est expressement défendu aux Gardes de chasser ni de tirer sur aucune piéce de gibier, à peine d'amende & de destitution de leurs charges, bannissement des Forêts, même de punition corporelle, s'il y a lieu. *Ibid. Art.* 14.

6. Il est enjoint à tout Garde sous peine de cinquante livres d'amende, de dresser & de déposer au Greffe dans les trois jours, un Procès-verbal des Chablis dans l'étendue de leur cantonnement, & de veiller à leur conservation. *Ibid.* TIT. 17. *Art.* 1 & 2.

7. Les Gardes sont responsables en leurs propres & privés noms, des Délits commis par ceux, qui ayant été déclarés Inutiles, commettent de nouvelles dégradations dans les bois, & sont tenus des

G

amendes ausquelles ces Inutiles, seront condamnés, s'ils ne les aménent dans les prisons de la Maîtrise. TIT. 27. *Art.* 37. & *Edit de* 1716. *Art.* 46.

8. Il est défendu aux Gardes de porter des fusils, ils ne doivent avoir que des pistolets, excepté dans les Maîtrises où le port du fusil leur est accordé. TIT. 10. *Art.* 13.

9. Il n'est pas permis à un Garde de désarmer un Chasseur, c'est une voie de fait qui lui est absolument interdite, à cause des accidens qu'une résistance naturelle peut occasionner. *Arrêt du Parlement du* 31 *Juillet* 1705.

10. Il est défendu aux Gardes de fouiller ni d'arrêter un particulier sous prétexte qu'ils le soupçonnent d'être braconnier. *Arrêt du Parlement du* 4 *Octobre* 1758. qui pour pareil fait a condamné des Gardes en six cens livres de dommages & intérêts.

11. Un Garde qui commet des Délits dans les bois doit être condamné à une double amende, & banni des Forêts en

cas de récidive. TIT. 32. *Art.* 5 & 6.

12. Un Garde qui seroit convaincu d'avoir commis supposition ou fraude dans un Rapport, doit être condamné aux galères. *Ibid. Art.* 26.

GARDES DES GABELLES ET DES FERMIES. 1. Il leur est défendu de chasser ni de méner aucun chien avec eux, non plus que de porter sur eux du ménu plomb, sous tel prétexte que ce soit, sous les peines portées par les Ordonnances. *Arrêt de la Cour des Aydes du 19 Juin* 1716.

2. Il leur est pareillement défendu de porter des fusils à deux coups, sous peine de punition corporelle. *Arrêt de la Cour des Aydes du* 14 *Janvier* 1783.

GARDE-MARTEAU. 1. Un Garde-Marteau ne doit jamais confier son Marteau particulier, à peine de demeurer responsable des inconvéniens qui en résulteroient; ; il est obligé de dresser exactement un Procès-verbal des grosseur, qualité & essence des arbres qu'il a marqués de son Marteau. TIT. 7. *Art.* 3.

G

2. Il doit faire chaque mois une visite de tous les bois de sa Maîtrise, & tous les quinze jours, celle des Ventes qui sont en exploitation, & dans leurs Réponses, ensemble des routes & chemins servans à la voiture des bois, pour connoître si dans l'exploitation, il ne se commet pas d'abus & de délit, à peine de radiation de ses gages pour la premiere fois, & de privation de sa charge en cas de récidive. *Ibid. Art.* 5.

3. Le Garde-Marteau doit tenir la main à la conservation des Chablis, pour qu'ils ne soint ni pris ni ébranchés par qui que ce soit, avant la vente qui doit s'en faire, à peine d'en répondre en son nom. TIT. 17. *Art.* 2.

4. Il est défendu au Garde-Marteau de marquer pour être vendu aucun arbre sur pied, sous le prétexte qu'il a été fourché ou ébranché par la chûte d'un Chablis, à peine d'amende, il en est de même des arbres secs, qui sont sur pied. *Ibid. Art.* 5. & TIT. 27. *Art.* 33.

5. Il doit faire mention dans ses Pro-

G

cès-verbaux de visites, de l'état des bornes & fossés qui separent les bois du Roi, de ceux des riverains, ainsi que des changemens qu'il y rencontre, pour en faire ordonner le rétablissement, à peine d'en demeurer responsable. TIT. 27. *Art.* 5.

6. Il ne doit pas souffrir qu'un Adjudicataire commence l'exploitation de sa Vente, sans avoir un billet de contentement du Receveur, à peine de demeurer reponsable des événémens TIT. 15. *Art.* 36.

GARENNE. Il est défendu d'établir aucun Garenne ouverte, si l'on n'en a le droit par des aveus & dénombremens, possession ou autres titres suffisans, à peine de cinq cens livres d'amende, & en outre de destruction de la Garenne aux frais & dépens de ceux qui l'ont établie TIT. 30. *Art* 9.

GENS-DE-MAIN-MORTE. 1. On comprend sous ce nombre, les Ecclésiastiques, les Communautés séculieres & régulieres, Laïques, Hôpitaux, &c. Il leur est défendu de couper aucun arbre de Futaye ou Ballveau sur Taillis, ni de

E v

G

toucher à leur Quart de Réserve ni de rien entreprendre au-delà des coupes ordinaires, à peine d'amende & de restitution du quadruple. TIT 24. *Art.* 4.

2. Il leur est enjoint de laisser dans la coupe des Taillis qu'ils font exploiter annuellement, la même quantité de Baliveaux que celle prescrite pour les bois du Roi, à peine d'amende. *Ibid Art* 7.

3. Il y a une exemption pour les Chartreux, *Voyez*, *Chartreux*. Il y a une aussi pour l'Ordre de Malthe. *Arrêt du Conseil du* 12 *Octobre* 1728.

4. Les Maires, Echevins & Habitans des Paroisses sont obligés d'appliquer aux objets prescrits, l'emploi des deniers provenans de la vente de leurs bois, à peine de restitution du quadruple & de cinq cens livres d'amende. TIT. 25. *Art.* 12.

5. Il est enjoint aux Syndics & Communautés d'employer aux réparations & nécessités publiques, les restitutions, dommages & intérets prononcés pour délits commis dans leurs bois communaux, à peine de cinq cens livres d'amende & de restitution du quadruple contre ceux qui

G

en auroient autrement ordonné. *Ibid. Art.* 22.

6. Il leur eſt défendu ſous peine de cinq cens livres d'amende, & de reſtitution du quadruple, de faire aucune adjudication de bois, même de Taillis de leur affouage qui ne peut être vendu qu'avec la permiſſion du Grand-Maître. *Ibid.* 12. *& Arrêts du Conſeil des 22 Avril, & 22 Juillet* 1704.

7. Les Communautés ſont obligées de prépoſer annuellement des Gardes pour la conſervation de leurs bois, à peine de cinquante livres d'amende. *Ibid. Art.* 14. *& Arr êt d Conſeil du 23 Juin* 1735.

8. Les Gens-de-main-morte ſont reſponſables des Délits commis dans leurs Futayes & dans leur Quart-de-Réſerve, juſqu'à ce qu'ils aient fait en la Maîtriſes, les pourſuites néceſſaires, contre les auteurs des Délits. *Arrêts du Conſeil du 5 Août* 1738, *&* 1 *Juin* 1751.

GENTILS HOMMES. Il leur eſt défendu de ſe rendre Adjudicataires ou Cautions des Ventes de bois. *Voyez, Adjudicataires, N°.* 3.

G

GIBIER. 1. Il est interdit à toutes personnes d'acheter du Gibier des Braconiers, sous peine d'être condamnés à la même amende que les braconiers, s'ils avoient été trouvés chassant. *Ordonnance de* 1515. *Art.* 14.

2. Il est défendu d'exposer en vente des liévres & perdrix, savoir, pour les liévres, depuis le premier Mars jusqu'au premier de Juillet, & pour la perdrix, jusqu'au premier d'Août, à peine de vingt livres d'amende par chaque piéce de Gibier, tant contre le vendeur que l'acheteur. *Réglement de la Table de Marbre du* 17 *Avril* 1674.

GLACE. *Voyez, Pêche.*

GLANDÉE. Il n'est pas permis de mettre à la Glandée aucun Porc, au-délà du nombre porté en l'adjudication, & qui ne soit marqué au feu de l'empreinte déposé au greffe de la Maîtrise, à peine de cent livres d'amende & de confiscation. *Tit.* 18. *Art.* 3 & 4.

GLANDS. *Voyez, Feines.*

GORD. 1. Il est défendu de faire des Gords sur rivieres navigables & flottables,

G

sans permission, à peine d'amende arbitraire. Tit. 27. *Art.* 42 & 43.

2. Ceux qui en ont obtenu la permission, doivent laisser dans le Gord, vingt-quatre pieds de largeur, pour le libre passage des bâteaux, & si cette largeur n'étoit pas suffisante, il en faudroit laisser une plus considérable, relativement à la sûreté de la navigation. *Ordonnance de* 1415 *Art.* 3. *de* 1520, *Art.* 4. & *Arrêt du Conseil du* 14 *Décembre* 1706.

GOUVERNEUR DES VILLES. Il est ordonné aux Gouverneurs & Commandans des Villes & Châteaux, d'en faire ouverture aux Grand-Maître & Officiers des Maîtrises, pour faire toutes les recherches & perquisitions du bois de Délit, & même de leur remettre les Soldats coupables, à la premiere réquisition qui leur est faite, sans qu'ils puissent les refuser sous prétexte de privilége ou de Justice-militaire, à peine de désobéissance, & de répondre en leur propre & privé nom, des amendes, restitutions & intérêts. Tit. 27. *Art* 25.

GRANDS CHEMINS DANS LES BOIS.

G

Les Routes & les Grands-Chemins qui paſſent dans les bois, doivent avoir au moins ſoixante-douze pieds de largeur, & l'on doit couper & eſſarter toutes les épines & brouſſailles qui ſe trouvent dans cette largeur, de maniere qu'il n'y ait aucune ſorte de couvert, à peine d'amende contre les Communautés & Particuliers à qui appartiennent les bois, & d'être contraints par ſaiſie de leurs biens, au payement du prix qu'il en a coûté pour faire cet eſſartement à leurs frais & dépens. TIT. 28. *Art.* 1, 3 & 4.

GRAND-MAITRE. 1. Les Grands-Maîtres ne peuvent augmenter ni diminuer les Ventes de leur autorité privée, ni les charger d'aucun uſage, chauffage, droits & ſervitude, ni même d'accorder du bois en eſpéce, ou d'ordonner le payement des deniers en conſéquence d'aucun don, à peine de privation de leurs charges, & de mille livres d'amende. TIT. 3. *Art.* 14.

2. Il leur eſt défendu pareillement de donner aucune permiſſion contraire à la diſpoſition des Ordonnances & des Ré-

G

glemens, à peine d'amende & de tous dépens, dommages & intérêts. *Ibid. Art* 18.

3. Ils n'ont pas la liberté d'ordonner le payement d'aucune somme sur les deniers des amendes, à peine de restitution du quadruple. *Edit de Mai* 1716, *Art.* 56.

4. Un Grand-Maître ne peut se dispenser de donner acte au Procureur du Roi, des remontrances qu'il lui fait, sur ce qui se passe de contraire aux Ordonnances. TIT. 6. *Art.* 9.

GREFFIER. 1. Les Greffiers des Maîtrises sont obligés d'arrêter le premier jour de chaque mois, le rôle des amendes, restitutions & confiscations prononcées dans le mois précédent, & d'en faire mention sur le registre des amendes, à peine de cinquante livres d'amende. *Edit de* 1716. *Art.* 6.

2. Les Greffiers des Grueries sont tenus d'envoyer au greffe de la Maîtrise, chaque mois, dans la huitaine de l'arrêté, les rôles d'amende de leur jurisdiction,

à peine de cent livres d'amende. *Ibid. Art* 8.

3. Suivant l'Article 14 du même Edit, les Greffiers doivent marquer ſur le rôle, à chaque article, le domicile de la Partie condamnée, avec la datte du Jugement & de la ſignification, ſans en laiſſer aucune en blanc, à peine de cinquante livres d'amende.

4. Si par fraude ou autrement, un Greffier avoit omis d'employer quelque article des Procès-verbaux de viſite & de rapport dans ſes regiſtres, ainſi que des condamnations dans le rôle, il ſeroit tenu de payer le quadruple des articles omis, & en cas de récidive, il y auroit lieu à le priver de ſa charge. TIT. 8. *Art* 11.

5. Les Veuves, Enfans ou Héritiers des Greffiers ſont reſponſables des regiſtres & de tous les papiers du Greffe, juſqu'à ce qu'ils les aient remis au Titulaire, dans la forme preſcrite par les Réglemens, ils peuvent même en cas de refus, être contraints par corps, à les remettre inceſſamment, à peine d'en être

G

responsables en leur nom. *Ibid. Art.* 10.

6. Les Greffiers sont obligés de marquer le jour & l'heure précise dans les actes qu'ils dressent & délivrent, sur les adjudications des tiercemens & doublemens, à peine de trois cens livres d'amende, & de tous dépens, dommages & intérêts pour la premiere fois, & pour la seconde de pareille peine, & de privation de leurs charges.

7. Il est défendu aux Greffiers des Justices seigneuriales, de recevoir sous quelque prétexte que ce soit, les déclarations que sont obligés de faire les Particuliers, six mois avant que de couper leurs bois, & à peine de nullité & de cinquante livres d'amende. *Arrêt du Conseil des* 21 *Septembre* 1700, *&* 6 *Septembre* 1723.

8. Il est défendu aux Greffiers d'exiger pour chaque déclaration, plus de dix sols, tant pour la reception de chaque déclaration que pour l'expédition, à peine de destitution de leurs charges, de restitution des sommes reçues au-delà, & de

G

mille livres d'amende. *Arrêt du Conseil du* 2 *Décembre* 1738.

9. Le Greffier de la Maîtrise est obligé sous peine de cent livres d'amende, de délivrer au Procureur du Roi, une expédition des remontrances par lui faites. TIT. 6. *Art.* 9.

10. Un Greffier est responsable du prix des Adjudications de bois dans le cas d'insolvabilité des Adjudicataires & de leurs Cautions & Certificateurs, quand il n'a pas appellé le Receveur des bois à leur reception. *Arrêt du Conseil du* 21 *Janvier* 1772.

GRENAILLE DE FER. Il est défendu à tous Maîtres de Forges & aux ouvriers de fabriquer, vendre & débiter aucune grenaille de fer qui puisse tenir lieu de plomb à tirer, & à toutes sortes de personnes de s'en servir, à peine de cent livres d'amende, outre la peine prescrite pour le fait de chasse. Si c'étoit le Maître de forges qui eut vendu ou donné, ou fait vendre & donner cette grenaille, il doit être condamné à trois cens

G

livres d'amende. *Arrêt du Conseil du 4. Septembre* 1731.

GRURIERS-ROYAUX. Les Gruyers doivent résider dans l'étendue de leur Gruerie, à peine de perte de leurs gages & d'interdiction. TIT. 9. *Art.* 1.

2. Il est défendu aux Gruyers de juger les délits dont l'amende excéde la somme de douze livres. Ils doivent dans ce cas renvoyer la cause & les parties par-devant le Maître-particulier du ressort, à peine de cinq cens livres d'amende pour la premiere fois, & d'interdiction pour la récidive. *Ibid Art.* 3.

3. Les Gruyers sont responsables des Délits, abroutissemens & désordres arrivés dans les bois de leur Guerie, faute d'avoir condamné jusqu'à douze livres d'amende, ceux qui les ont commis. *Ibid. Art.* 7.

4. Les Gruyers sont obligés d'assister aux Assises de la Maîtrise de leur ressort, à peine de vingt livres d'amende, à moins qu'ils n'aient une excuse légitime pour s'en dispenser. TIT 12. *Art.* 1.

5. Il leur est défendu de disposer des

amendes, à peine d'interdiction. TIT. 9. *Art.* 9. & *Edit de Mai* 1716. *Art.* 56.

GRUYERS-DES-SEIGNEURS. 1. Les Juges des Seigneurs ne doivent pas prendre connoissance des affaires d'Eaux & Forêts qui ne sont pas de leur compétence, sans quoi, ils s'exposent à être condamnés aux amendes que les Arrêts du Conseil prononcent relativement aux cas dont il s'agit.

2. Il est défendu à ces Juges de connoître des coupes de bois de Futaye, Baliveaux sur Taillis & Arbres épars des Communautés, à peine de deux cens livres d'amende, & même de demeurer garans & responsables en leur privé nom, du montant des amendes ausquelles les délinquans auroient été condamnés. *Arrêts du Conseil des* 20 *Novembre* 1725, 6 *Décembre* 1735, 5 *Août* 1738, 17 *Avril* 1753, 29 *Janvier* 1754, & 6 *Mai* 1755.

3. Il leur est pareillement défendu de recevoir ni de juger les rapports des délits de futaye commis dans les bois des Gens-de-main-morte, ni de ceux commis

G

dans les Quarts-de-Réserves, à peine de cinq cens livres d'amende. *Arrêts du Conseil des 18 Septembre 1736, 5 Août 1738, 12 Décembre 1741, 10 Juillet 1742, & 31 Juillet 1745.*

4. Il ne leur est pas permis de connoître des Prez & entreprises faites sur les Pâturages communs, Pâtis & Landes, à peine de nullité & de cinq cens livres d'amende. *Arrêt du Conseil du 6 Janvier 1739, & du 16 Mars 1745.*

5. Il leur est défendu aussi de connoître de tout ce qui concerne les Usages, Délits, Abus & malversations commis dans Eaux & Forêts des Gens-de-main-morte, & de troubler les Officiers des Maîtrises dans la connoissance de ces matieres, à peine de mille livres d'amende. *Arrêt du Conseil du 20 Fevrier 1742.*

6. Il leur est défendu de recevoir les déclarations que sont obligés de faire tous ceux qui veulent couper des arbres, soit dans leurs bois, soit dans leurs avenues & parcs, à peine de mille livres d'amende contre le Juge & de cinquante

G

livres contre le Greffier. *Arrêt du Conseil des 21 Septembre 1700, & 6 Septembre 1723.*

7. Il leur eſt de même défendu de connoître de la Chaſſe du Cerf. Il faut cependant excepter les Officiers du Duché de Rambouillet, qui peuvent prendre connoiſſance de cette Chaſſe, conformément aux Lettres-Patentes du mois de Mai 1711, qui leur en donnent le pouvoir.

H

HABITANT. Un Habitant ne peut pas vendre ſa portion d'Affouage, *Voyez, Affouage.*

HARNOIS. Les Harnois chargés de bois de délit doivent être confiſqués, outre l'amende & les dommages & intérêts. TIT. 32. *Art.* 9.

HERBAGES. Il eſt défendu de couper des Herbages dans les Forêts, à peine de cinq livres d'amende pour la charge d'un homme, de vingt livres pour celle d'un cheval ou d'une bourique, & de quarante livres pour une voiture, du

H

double en récidive, & du bannissement du ressort de la Maîtrise pour la troisiéme fois, & dans tous les cas de confiscation des chevaux, voitures, &c. TIT. 32. *Art.* 12. Voyez, *Capitaineries*, N°. 5.

J

IMMONDICES. Il est défendu de jetter dans les Rivieres des Immondices, à peine d'amende. TIT. 27. *Art.* 42.

INUTILES. Il est défendu aux Inutiles de bâtir dans la distance de deux lieues des Forêts, des maisons sur perches, à peine du punition corporelle. TIT. 27. *Art.* 17.

2. Toutes personnes déclarées Inutiles doivent sortir & s'éloigner à deux lieues des Forêts, avec défense à qui que ce soit de les retirer dans l'étendue de cette distance, à peine de trois cens livres d'amende, & d'être responsables de toutes les amendes qui seront prononcées contre ces Inutiles. *Ibid.* *Art.* 25.

3°. Les Inutiles sont tenus de se retirer incessamment à deux lieues des Fo-

I

rêts, à peine d'être mis au carcan, trois jours de marché consécutifs, & d'un mois de prison. *Ibid. Art.* 36.

4°. Un Inutile, qui, pour n'être pas reconnu, a changé de nom ou qui commet de nouveaux délits, doit être condamné, si c'est un homme, aux galeres, & s'il est hors d'état d'y servir, ou si c'est une femme, au fouet ou à la flétrissure. *Ibid. Art.* 38 *&* 39, *& Edit de* 1716. *Art.* 45.

JURISDICTION DES EAUX ET FORESTS. Il est défendu de distraire la Jurisdiction des Eaux & Forêts dans les cas dont la connoissance lui est attribuée, à peine de nullité, d'amende contre les parties, & même de trois cens livres contre les Procureurs qui auroient réquis. TIT. I. *Art.* 7. *&* 14. *Arrêts du Conseil des* 16 *Juin* 1699, 30 *Janvier* 1703, *&* 29 *Septembre* 1708.

L

LACS. Les Braconiers qui tendent des Lacs pour prendre le Gibier doivent être condamnés au fouet, pour la premiere

premiere fois, & en trente livres d'amende, & pour la deuxiéme, fustigés, flétris & bannis pour cinq ans de la Maîtrise. TIT. 30. *Art.* 12.

LIEUTENANT. 1. Le Lieutenant est tenu de résider dans la Ville où est le Siége de la Maîtrise, sans en pouvoir désemparer particuliérement aux jours & heures d'Audiance, si ce n'est après avoir averti le Maître-Particulier & le Garde-Marteau, afin qu'ils suppléent en son absence, pour l'administration de la Justice, à peine de privation de ses gages. TIT. 5. *Art.* 3.

2. Si un mois après le tems prescrit aux Maîtres-Particuliers, pour faire leurs visites-générales, ils ne les ont pas faites, les Lieutenans sont obligés de les faire, à peine de cinq cens livres d'amende, & de suspension de leurs charges pour six mois. *Ibid. Art.* 4.

3. Le Lieutenant est obligé d'assister aux Audiances en robe longue, à peine de privation de ses gages. *Arrêt du Conseil du 31 Décembre 1701.*

M

MAISONS SUR PERCHES. Il est défendu sous peine de punition corporelle, aux Inutiles & Vagabons, de bâtir des Maisons sur perches dans l'enceinte & à une demie lieue près des Forêts. TIT. 27. *Art.* 17.

MAISTRE-PARTICULIER. 1. Il est défendu aux Maîtres-Particuliers de donner des permissions soit verbalement, soit par écrit, de couper ou arracher ancun bois, ni de mettre pâturer des bestiaux dans les forêts, à peine de trois cens livres d'amende. TIT. 2. *Art.* 6.

2. Les Maîtres-Particuliers sont obligés de faire, de six mois en six mois, une Visite générale de toutes les Forêts & Rivieres navigables & flottables de leurs Maîtrises, à peine de cinq cens livres d'amende, & de suspension de leurs charges pour six mois, & de plus grande peine en cas de récidive. TIT. 4. *Art.* 6 & 11. TIT. 23. *Art.* 19. *Edit de* 1716. *Art.* 42.

3. Ils sont obligés aussi d'envoyer au Grand-Maître leurs Procès-verbaux de Visite, signés d'eux & ceux des Offi-

M

ciers qui y ont assisté, à peine de trois cens livres d'amende. TIT. 4. *Art.* 12.

4. Si un Maître-Particulier envoyoit un Procès verbal de Visite qu'il n'auroit pas faite, il doit être privé de son Office, déclaré incapable d'en posséder aucun, banni des Forêts, & puni comme faussaire & prévaricateur. *Edit de* 17.6. *Art.* 42.

5. Les Maîtres-Particuliers doivent juger les amendes des délits contenus dans les Procès-verbaux de leurs Visites, quinze jours après les avoir faites, à peine d'en demeurer responsables en leurs propres & privés noms. TIT. 4. *Art.* 8.

6. Ils sont astreints à faire les Recollemens des Ventes, six semaines après le tems fixé par le cahier des charges. Ils doivent aussi faire les adjudications des Taillis qui sont en Grueries, tiers & dangers, par indivis, apanage, engagement, usufruit, des chablis, arbres de délit, ménus marchés, panages & glandées, dans le tems prescrit par l'Ordonnance, à peine d'interdiction & d'amende. TIT. 4. *Art.* 10.

M

7. Il eſt défendu au Maître-Particulier & aux autres Officiers de juger aucun Rapport ni de donner aucune main-levée que ſur les concluſions du Procureur du Roi, à peine de cinq cens livres d'amende, & même d'interdiction. *Ibid. Art.* 4 & TIT. 6. *Art.* 3.

8. Les Maîtres-Particuliers ſont obligés de faire mention dans leurs Procès-verbaux de Viſite, de l'état des bornes & foſſés qui ſeparent les bois du Roi, de ceux des riverains, & en même tems de faire réparer les changemens qu'ils reconnoîtront y avoir été faits depuis leur derniere Viſite, & même d'expliquer enſuite dans le Procès-verbal de leur premiere Viſite, le retabliſſement des choſes dans leur premier état, à peine d'en demeurer reſponſables. TIT. 27. *Art.* 5.

9. Lorſqu'il ſe paſſe quelque choſe de contraire aux Ordonnances & Réglemens, le Procureur du Roi eſt obligé d'en faire ſa remontrance, & le Maître-Particulier eſt obligé de lui en donner

acte, à peine d'interdiction. Tit. 6. *Art.* 9.

MARCHANDS DE BOIS. 1. Il leur est défendu de donner aux Officiers des Eaux & Forêts, du bois en payement de leurs vacations & salaires, à peine de trois cens livres d'amende. Tit. 3. *Art.* 7.

2. Il leur est défendu de faire des cendres dans leurs Ventes, *Voyez*, *Cendres.*

3. Ils doivent placer les Fosses-à-charbon de maniere qu'elles ne nuissent pas aux arbres. *Voyez*, *Charbon.*

4. Il leur est défendu de donner du bois à leurs ouvriers pour salaires, à peine de répondre de tous les délits qui se commettroient dans la Forêt. Tit. 26. *Art.* 8.

5. Il leur est pareillement défendu de tenir aucun attelier, ni de faire travailler ailleurs que dans les Ventes, à peine de cent livres d'amende & de confiscation. *Ibid.* *Art.* 29.

6. Un Marchand qui commet pendant la nuit, des délits dans les Forêts,

M

doit être condamné à une double amende, & en récidive banni des Forêts. TIT. 32. *Art.* 5 & 6.

MARINE. Il est défendu à tous Propriétaires de faire abbattre aucun arbre de Futaye épars ou Baliveau sur Taillis, marqué du marteau de la Marine, à peine de confiscation & de trois mille livres d'amende. *Arrêts du Conseil des* 23 *Juillet* 1748, & 23 *Juillet* 1754.

MESURE. 1. Il est défendu de se servir pour les bois, d'autres mesures que de celle de douze lingnes pour pouce, douze pouces pour pied, de vingt-deux pieds pour perche, & de cent perches pour l'arpent, à peine de mille livres d'amende. TIT. 27. *Art.* 14.

Il y a sur cela une exception pour la Lorraine & pour le Clermontois.

2. La mesure de la Corde de bois doit être de huit pieds de longueur, de quatre de hauteur, les bûches doivent avoir trois pieds & demi de longueur, compris la taille. Le Cotteret doit avoir deux pieds de longueur, & dix-sept à dix-huit pouces de grosseur. *Ibid. Art.* 15.

M

En Lorraine, dans le voiſinage des ſalines, il eſt ordonné aux Particuliers de donner à leurs bois de bûches ſix pieds de longueur.

MONASTERE. Les Supérieurs des Monaſteres ſont obligés d'ouvrir les portes de leurs maiſons, aux Officiers des Eaux & Forêts, pour faire la recherche des bois de délit, & de leur remettre entre les mains les coupables, à peine de répondre des amendes, reſtitutions & intérêts. TIT. 27. *Art.* 25.

MOULIN. 1. Il eſt défendu de conſtruire, ſans permiſſion, aucun Moulin ſur les Rivieres navigables & flottables, à peine d'amende. TIT. 27. *Art.* 42. & 43.

2. Le chommage des Moulins établis ſur les Rivieres navigables & flottables avec permiſſion, eſt fixé à quarante ſols pour le tems de vingt-quatre heures, payables aux meuniers par ceux qui cauſent le chommage par leur navigation ou flottage, avec défenſe d'en exiger davantage, ni de retarder la navigation & le flottage, à peine de mille livres d'amende

M

& des dommages & intérêts sans modération ; *Ibid. Art.* 45.

3. Il est défendu d'établir aucun moulin à scier du bois, sans une permission expresse, à peine de démolition, & de trois mille livres d'amende. *Arrêt du Conseil du* 28 *Janvier* 1750.

N

NASSES. Il est défendu de mettre des Nasses d'osier à bout des Dideaux pendant le tems de frais, à peine de vingt-quatre livres d'amende, & de confiscation des harnois. TIT. 31. *Art.* 8.

NAVIGATION. Il est défendu d'apporter des empêchemens à la Navigation, à peine de cinq cens livres d'amende. TIT. 27. *Art.* 42.

NOUE. Il est défendu de pêcher dans les Noues, en quelques tems & maniere que ce soit, à peine de cinquante livres d'amende, & de bannissement des riviéres pendant trois ans. TIT. 31. *Art.* 11.

O

ŒUFS. Il est défendu de prendre les Œufs de Cailles, Perdrix, Faisans, & de tous autres Oiseaux, *Voyez*, Aires-d'Oiseaux.

OFFICIERS. 1. Les Grands-Maîtres, Maitres-Particuliers, Procureurs-du-Roi & autres Officiers, peuvent prendre communication, quand bon leur semble, des registres & papiers du Greffe, mais ils ne peuvent les en déplacer pour quelque cause que ce soit, à peine de trois mille livres d'amende & d'interdiction. TIT. 2. *Art.* 4.

2. Il est défendu à tous Officiers des Eaux & Forêts de prendre ni recevoir aucun bois, en payement de leurs vacations & salaires, & aux Marchands de leur en donner, sous quelque prétexte que ce soit, à peine d'interdiction & de mille livres d'amende contre les Officiers, & de trois cens livres contre les Marchands. *Ibid. Art.* 7.

3. Les Officiers doivent juger les rapports faits par les Gardes, sans quoi, ils sont exposés à être condamnés en leurs noms, comme s'ils avoient eux-mêmes

O

commis les délits qu'ils auroient laiſſés impunis. TIT. 3. *Art.* 9.

4. Les Officiers ne peuvent pas intervenir l'ordre des coupes ; mais ils doivent ſuivre celui qui a été arrêté pour la diviſion des Triages, & cela, à peine de trois mille livres d'amende ſolidairement contre les contrevenans. *Ibid. Art.* 10.

5. Il eſt défendu à tous Officiers & Juges d'ordonner le payement d'aucune ſomme ſur les deniers des amendes, à peine de reſtitution du quadruple & même d'interdiction. *Ibid. Art.* 25, *& Edit de Mai* 1716. *Art.* 56.

6. Les Officiers ne peuvent juger aucun rapport, ni donner des mains-levées que ſur les concluſions du Procureur du Roi, à peine de cinq cens liv. d'amende, & même d'interdiction. TIT. 6. *Art.* 3.

7. S'il ſe paſſoit de la part du Grand-Maître ou des autres Officiers, quelque choſe de contraire aux Ordonnances & Réglemens, le Procureur du Roi eſt obligé d'en faire, dans l'inſtant, ſa remontrance, & d'en demander acte, que

O

le Juge préſent ne peut lui refuſer ſous aucun prétexte, à peine d'interdiction de ſa charge. *Ibid. Art.* 9.

8. Il eſt défendu aux Officiers de ſe ſervir d'autres Arpenteurs que de ceux de la Maîtriſe, à peine de nullité, & d'être reſponſables des inconvéniens qui en réſulteroient. TIT. 11 *Art* 6.

9. Les Officiers des Maîtriſes & ceux des Gueries-royales doivent aſſiſter aux Aſſiſes du Maître-Particulier, à peine de vingt livres d'amende, s'ils n'ont une excuſe légitime. TIT. 12. *Art.* 1.

10. Il eſt défendu aux Officiers des Eaux & Forêts & autres, de faire aucune vente de bois, ſoit en Futaye, ſoit en Taillis, que ſuivant le Réglement arrêté au Conſeil, à peine de reſtitution du quadruple contre les Adjudicataires, & contre les Officiers de perte de leurs charges. TIT. 15. *Art* 1.

11. Il eſt défendu aux Officiers des Maîtriſes de reconnoître d'autres que les Grands-Maîtres pour faire la Vente des bois, à peine d'en répondre en leur nom. *Ibid. Art.* 2.

O

12. Il n'eſt pas permis aux Officiers de donner aucun bois par forme de remplage, ſous prétexte de places vuides & de chemins qui ſont dans les Ventes, à peine de trois mille livres d'amende, & de privation de leurs charges. TIT. 13. *Art.* 13.

13. Il eſt défendu aux Officiers de changer en tout ou en partie, les Ventes après l'adjudication, ſous peine de punition exemplaire contre eux & de perte de leurs charges. *Ibid. Art.* 14.

14. Il eſt défendu aux Officiers de recevoir aucune choſe pour les Ventes & Adjudications, ſi ce n'eſt par les mains du Receveur, à peine de reſtitution du quadruple, & d'interdiction de leurs charges. *Ibid Art.* 16

15. Il eſt auſſi défendu aux Officiers d'admettre pour Adjudicataires ou Cautions, les Eccléſiaſtiques, Gentils-hommes, Gouverneurs de Places, Châteaux & tous autres Officiers du Roi, ni Magiſtrats, à peine de privation de charge contre l'Officier qui les auroit admis. *Ibid. Art.* 21. Voyez, *Adjudicataires.*

O

16. Il est pareillement défendu aux Officiers des Eaux & Forêts & Chasse, ainsi qu'à leurs Enfans, Gendres, Freres, Beaux-freres, Oncles, Neveux, & Cousins-germains d'être Cautions ou Adjudicataires des Ventes de bois, à peine de confiscation des Ventes, & de privation de leurs charges, d'amende & d'être bannis du ressort de la Maîtrise & de leur résidence, & contre les parens & alliés, de pareilles peines, de confiscation & d'amende.

17. Il est interdit aux Officiers de permettre aux Adjudicataires d'entrer en exploitation de leur Vente, avant que d'avoir vu les certificat de contentement du Receveur, à peine de répondre en leurs noms, des événémens, ni de couper leurs bois après le 15 d'Avril, à peine d'amende & de privation de leurs charges. *Ibid. Art* 36 & 40.

18. Les Officiers doivent tenir la main à ce que les Souches des bois rabougris d'une Vente, soient recepées, pendant l'exploitation, le plus près de terre qu'il sera possible, à peine de suspension

O

de leurs charges. *Ibid. Art.* 45.

19. Il leur eſt défendu de prendre pour les congés de cours que l'on donne aux marchands après les recollemens, d'autres droits que ceux taxés par le Grand-Maître, à peine de confiſcation. TIT. 16. *Art.* 7.

20. Les Officiers doivent auſſi-tôt qu'ils en ſont avertis, aller reconnoître & marquer les Chablis, avec le Marteau de la Maîtriſe, à peine d'amende & d'en répondre en leurs privés noms. TIT. 17. *Art.* 3.

21. Les Officiers des Maîtriſes ne peuvent procéder à la vente des Chablis, que quand il y en a au moins pour dix cordes dans chaque Forêt, à peine de répondre en leurs noms des délits commis pendant l'uſance, & d'interdiction. *Arrêt du Conſeil du 30 Décembre 1687.*

22. Il leur eſt défendu de vendre aucun arbre ſur pied, ſous prétexte qu'il a été fourché ou ébranché par la chûte de quelque Chablis, à peine d'amende. TIT. 17. *Art.* 5.

O

23. Les Officiers ne doivent pas permettre ni souffrir que l'on introduise des bestiaux dans les bois non défensables, & autres que ceux qu'ils ont désignés, à peine de privation de leurs charges. TIT. 19. *Art.* 3.

24. lés Officiers ne peuvent délivrer le chauffage qu'aux seuls Usagers compris dans l'état arrêté au Conseil du Roi, & dont l'Extrait doit être déposé au Greffe, à peine de privation de leurs charges. TIT. 20. *Art.* 7.

25. Il est défendu aux Officiers de recevoir ni d'exiger des Marchands ou de leurs facteurs, aucun bois, sous prétexte de chauffage, ou sous tel autre motif que ce soit, à peine d'être punis suivant la rigueur des Ordonnances. *Ibid.* *Art.* 8.

26. Il leur est de même dêfendu de permettre aucune coupe de Futaye ni autre dans les Quarts-de-Réserve & bois des Gens-de-main-morte, à peine de privation de leurs charges. TIT. 25. *Art* 8.

27. Il est pareillement défendu sous

peine d'interdiction, aux Officiers des Eaux & Forêts, de souffrir qu'on enléve sans permission du Roi & sans l'attache du Grand-Maître, dans l'étendue & aux reins des Forêts, du sable, des terres, marne & argile, ni qu'on établisse aucun four à chaux, ni aucune carriere à cent perches des Forêts. *Voyez, Forêt*, N°. 1 & 2.

28. Il leur défendu aussi de souffrir qu'on y fasse des Cendres sans Lettres-Patentes. Voyez, *Cendres*.

29. Il n'est pas permis aux Officiers des Eaux & Forêts, ni aux Juges des Seigneurs de remettre ou moderer la peine prescrite contre ceux qui chassent sans droit ni permission, & cela, sous peine d'interdiction. TIT. 30. *Art.* 18.

30. Il est défendu à toutes personnes de troubler dans leurs fonctions les Officiers des Chasses, de telle maniere que ce soit, à peine de trois mille livres d'amende, & même d'une plus considérable, eû égard à la violence qui leur auroit été faite. *Ibid. Art* 34.

31. Il est défendu aux Officiers des

O

Eaux & Forêts, à peine de trois cens livres d'amende, de permettre les Pêches prohibées. TIT. 31. *Art.* 11.

32. Il leur est enjoint de faire brûler à l'issue de l'Audiance, les filets prohibés pour la Pêche, & de condamner à l'amende prescrite, ceux à qui ils appartiennent, sans pouvoir les modérer, à peine de suspension de leurs charges pour un an. *Ibid* *Art.* 25.

33. Un Officier qui commet des Délits dans les Forêts, doit être condamné à une double amende, & en récidive banni des Forêts. TIT. 32. *Art* 5 & 6.

34. Il est défendu aux Officiers de modérer les amendes réglées par l'Ordonnance, & de les changer après le jugement, à peine de répétition contre eux, de suspension de leurs charges pour la premiere fois, & de privation en récidive. *Ibid.* *Art* 14.

35. Il leur est défendu d'ordonner le payement d'aucune somme sur la caisse des amendes, à peine d'interdiction, & de restitution du quadruple. TIT. 3. *Art.* 25. & *Edit de* 1716. *Art.* 56.

O

OUTREPASSE. Un Marchand qui en exploitant une Vente, a outrepaſſé les Pied-corniers & anticipé ſur la coupe voiſine, doit être condamné à payer le quadruple, à raiſon du prix de ſon Adjudication, ou l'amende & reſtitution au pied-le-tour, quand le bois ſur lequel on a entrepris eſt d'une valeur ſupérieure à celui de la Vente. TIT. 16. *Art.* 9.

OUVRIERS. 1. Il eſt défendu aux Ouvriers qui travaillent dans les Forêts, d'en emporter aucune eſpéce de bois. *Voyez, Bûcheron.*

2. Tous Ouvriers employés à l'exploitation des Forêts, doivent être condamnés à une double amende pour les Délits par eux commis pendant la nuit dans les bois, & en récidive bannis des Forêts. TIT. 32. *Art.* 5 & 6.

3. Les Ouvriers qui ont prêté les mains aux Délits commis dans les Forêts, doivent être condamné chacun à cent livres d'amende pour la premiere fois, & punis corporellement en récidive, & en outre tenus ſolidairement des

R

peines encourues pour les Délits commis. *Édit de* 1716. *Art.* 48.

PÉAGE. 1. Il eſt défendu aux Propriétaires & Fermiers des Droits de Péage de ſaiſir & d'arrêter les chevaux, équipages, bâteaux & nacelles, faute de payement des droits de Péage, à peine d'amende & des dommages & intérêts pour le retard. Il leur eſt ſeulement permis de ſaiſir avec établiſſement de commiſſaire, eſtimation préalablement faite des marchandiſes juſqu'à la concurrance du Droit dû. TIT. 29. *Art.* 3 & 4.

2. Pour percevoir le droit de Péage, il doit y avoir une Pencarte attachée ſur des pôteaux, à l'entrée des Ponts & Paſſages où les droits ſont dus, ſans pouvoir les excéder ſous aucun prétexte, à peine de punition exemplaire contre les contrevenans, & même de reſtitution du quadruple, envers les Marchands & autres, outre une amende. *Ibid. Art* 7.

PÊCHE. Il eſt défendu à tout habitant, autres que les deux Adjudicataires de la Pêche, dans chaque Paroiſſe, de pêcher en aucune ſorte, même à la ligne,

P

à la main ou au panier, dans les pêcheries communes, à peine de trente livres d'amende, & d'un mois de privation pour la premiere fois, & de cent livres avec bannissement de la Paroisse en récidive. TIT. 25. *Art.* 18.

2. Il est aussi défendu à toutes personnes autres que les Maîtres Pêcheurs, de pêcher sur les fleuves & rivieres navigables, à peine de cinquante livres d'amende & de confiscation du poisson, filets & autres instrumens de Pêche, pour la premiere fois, & de cent livres outre la confiscation en récidive. TIT. 31. *Art.* 1.

3. Il est défendu pareillement à toutes personnes, d'aller sur les Marres, Etangs & Fossés qui sont glacés, pour en rompre la glace & y faire des trous, ni d'y porter des flambeaux, brandons & autres feux pour y pêcher, à peine d'être punis comme voleur. *Ibid. Art* 18.

4. La Pêche à la ligne est interdite à tous ceux qui n'ont ni droit ni permission de Pêche, à peine de trente livres d'amende pour la ligne volante, & de cinquante livres pour la ligne armée. *Ibid.*

Art. 11. & TIT. 25. *Art.* 18.

5. Il est défendu de pêcher dans le tems du frai. *Voyez*, *Pêcheur*, N°. 3.

PÊCHEURS. 1. Il est défendu à tous Pêcheurs de pêcher les jours de Fêtes & Dimanches, sous peine de quarante livres d'amende; à cet effet, il leur est enjoint d'apporter tous les samedis & veilles de Fêtes, après le coucher du soleil, au logis du Maître de la Communauté, tous leurs filets, qui ne doivent leur être rendus que le lendemain des Dimanches ou de la Fête, après le soleil levé, à peine de cinquante livres d'amende, d'interdiction de la Pêche pour un an. TIT. 31. *Art.* 4.

2. Il est pareillement défendu aux Pêcheurs de pêcher la nuit, si ce n'est aux arches des Ponts, Moulins & aux Gords. *Ibid. Art.* 5.

3. Il leur est de même défendu de pêcher pendant le frai; savoir, dans les rivieres où la truite abonde sur les autres poissons, depuis le premier de Février jusqu'à la Mi-mars, & aux autres, depuis le premier d'Avril jusqu'au premier Juin, à

peine pour la premiere fois de vingt livres d'amende & d'un mois de prison, du double de l'amende & de deux mois de prison pour la seconde, & du carcan & du fouet pour la troisiéme. *Ibid. Art.* 6.

4. Ils peuvent seulement pendant ce tems, mettre à bout des Dideaux, des Chausses dont les mailles aient dix-huit lignes en carré, & non des Nasses d'osier, à peine de vingt livres d'amende, confiscation des harnois pour la premiere fois, & d'être privé de la Pêche pendant un an. Après le frai, ils peuvent mettre de ces Nasses dont les verges soient éloignées les unes des autres au moins de douze lignes. *Ibid. Art.* 9.

5. Il défendu de pêcher avec des filets-prohibés, tels que l'Epervier, le Giles, le Tramail, & tous autres qui peuvent dépeupler les Rivieres; comme aussi d'aller au barandage, & de mettre des bacs en riviere, à peine de cent livres d'amende pour la premiere fois, & de punition corporelle pour la seconde. *Ibid. Art.* 10.

P

6. Il leur eſt pareillement défendu de bouiller ſous les racines des arbres qui ſont ſur le bord des rivieres, ainſi qu'aux arches des ponts & en tous autres lieux, ni de pêcher avec des lignes à amorces vives, de porter des chaînes & des clairons en leurs bâteaux, d'aller à la fare & de pêcher dans les noues, à peine de cinquante livres d'amende, & d'être bannis des rivieres pendant trois ans; & de trois cens livres d'amende contre les Maîtres-particuliers ou leurs Lieutenans qui leur en auroient donné la permiſſion. *Ibid. Art.* 11.

7. Les Pêcheurs doivent rejetter à l'eau, les Truites, Carpes, Barbeaux, Brêmes & Meuniers, qui ont moins de ſix pouces entre l'œil & la queue; & les Tanches, Perches & Gardons qui en ont moins de cinq, à peine de cent livres d'amende contre les Pêcheurs & Marchands qui en auroient vendu ou acheté. *Ibid. Art.* 12.

8. Les Pêcheurs ne peuvent ſe ſervir d'aucun filet qui n'ait été ſcellé en plomb des armes du Roi, dont l'écuſſon doit

être déposé en chaque Maîtrise, à peine de vingt livres d'amende & de confiscation. *Ibid. Art.* 13.

PÊLER LE BOIS. Il est défendu de pêler le bois sur pied sans permission, à peine de cinquante livres d'amende & confiscation. TIT. 27. *Art.* 28.

PERTUIS. Il est défendu de faire, sans permission, des Pertuis sur les Rivieres navigables & flottables, à peine d'amende & de démolition. TIT. 27. *Art.* 42 & 43.

PIGEONS. Il est défendu de tirer sur les Pigeons, à peine de vingt-cinq livres d'amende; même des dommages & intérêts du Propriétaire. *Ordonnance de* 1607. *Art.* 12. Il pourroit même y avoir lieu à des peines afflictives, cela dépend des circonstances.

PLANTS. Il est défendu à toutes personnes, d'arracher sans permission, aucun Plant, de quelque espéce que ce soit, dans les Forêts du Roi ou des Particuliers, à peine de cinq cens livres d'amende. TIT. 27. *Art.* 11.

PORC.

P

PORC. 1. Il est défendu de mettre à la glandée aucun Porc, s'il n'est pas marqué. *Voyez, Glandée.*

2. Le Maître-particulier ne peut mettre à la glandée dans les bois de Roi, que huit Porcs; le Lieutenant, le Procureur du Roi, le Garde-marteau & le Greffier, chacun six, & les Gardes trois, à peine de confiscation de ce qui excédroit ce nombre. TIT. 19. *Art.* 15.

POTEAUX SUR LES GRANDS-CHEMINS DES FÔRÉTS. Il est défendu sous peine de trois cens livres d'amende & de punition exemplaire, de rompre, emporter & déchirer les Croix & Pôteaux, qui sont sur les Grandes-Routes dans les Bois, & d'effacer les inscriptions & marques qui y sont pour indiquer l'endroit où chaque chemin conduit. TIT. 28. *Art.* 6.

PRÊTRES-CHASSEURS. 1. Un Ecclésiastique qui s'adonne à la Chasse doit être puni des mêmes peines qu'un séculier, sans qu'il puisse distraire la Jurisdiction de la Maitrise, sur le fondement du Privilége de son état. *Ordonnance de*

1600 & de 1601. *Art.* 21. & de 1669. TIT. 30. *Art.* 35.

2. La Contrainte par corps n'a pas lieu contre un Prêtre pour l'amende encourue pour fait de Chasse. *Arrêt du Parlement de Toulouse du* 15 *Janvier* 1743.

PROCUREUR-DU-ROI. 1. Le Procureur du Roi doit donner sans délai, ses conclusions sur les Procès-Verbaux des Officiers, Gardes, &c. à peine d'en demeurer responsable en son nom. TIT. 6. *Art.* 4.

2. Il obligé de dresser chaque mois, un état des appellations des Jugemens rendus dans la Maîtrise, à sa requête, & de l'envoyer avec les Piéces & des mémoires instructifs, au Procureur-général de la Table de Marbre, & dans le cas où on ne lui auroit pas signifié dans les trois mois du jour des appellations, les Jugemens de décharge des condamnations, il doit en poursuivre l'exécution, à peine d'en répondre en son pur & privé nom.. *Ibid. Art.* 5 & *Edit de* 1716, *Art.* 54 & 55.

P

3. Il doit faire toutes les poursuites nécessaires pour parvenir aux Assiettes, Martelages, Ventes, Adjudications, Recollement des bois, & à la punition des Délits dans la huitaine après les Rapports faits, à peine de privation de ses gages pour la premiere fois, & de perte de sa charge avec amende en cas de récidive. *Ibid. Art.* 7

4. Les Assiettes, Adjudications & Récollemens ne peuvent être différés sous le prétexte de remontrance, réquisitions ou oppositions faites de la part du Procureur du Roi, si cela n'est ainsi ordonné par le Grand-Maitre. Le Procureur du Roi doit simplement envoyer à M. le Procureur-général l'expédition de sa remontrance ou opposition dans la quinzaine du jour quelle lui a été délivrée, à peine de répondre en son pur & privé nom, du préjudice causé par sa négligence. *Ibid. Art.* 8

5. Un Procureur du Roi doit veiller attentivement à ce qu'il ne s'établisse aucune servitude sur les Forêts, Fleuves & Rivieres dépendans du Domaine, à

peine d'en demeurer reſponſable, s'il y donnoit de ſon mouvement quelque conſentement. *Ibid. Art.* 11.

6. Il eſt obligé de pourvoir à l'exécution des Jugemens de condamnation d'amende, à peine d'en répondre en ſon nom. TIT. 16. *Art.* 12.

7. On doit communiquer au Procureur du Roi de la Maitriſe, les aveux & dénombremens, ainſi que les contracts d'aquiſition & déclarations, les Procès-verbaux de viſites, affiches & publications, de tous héritages quelconques ſitués aux reins & à cent perches des Forêts, & ce, au moins quinzaine avant l'adjudication des décrêts, ſur leſquels il doit être fait mention expreſſe de ſon conſentement ou de ſon oppoſition, à peine de nullité & de mille livres d'amende contre le Juge qui les a adjugés ſans cette formalité, ou avant le jugement de l'oppoſition, de deux mille livres en cas de récidive, & même de privation de ſa charge. Les Procureurs du Roi ſont obligés de faire ſignifier dans la quinzaine de la com-

P

munication aux pourſuivans criées, leur oppoſition s'il y a lieu, à peine d'en reſpondre en leurs noms. *Ibid.* TIT. 27. *Art.* 7, 8 & 10.

8 Les Procureurs du Roi ne doivent pas ſouffrir qu'on partique ſans permiſſion, ſur les Rivieres navigables & flottables, aucune conſtruction, de telle eſpéce que ce ſoit, capable de gêner la navigation ; telles, que Moulins, Bâtardeaux, Ecluſes, Gords, &c. qu'ils doivent faire détruire dans ce cas, à peine de cinq cens livres d'amende. *Ibid.* *Art.* 42 & 43.

9. Les Procureurs du Roi ne peuvent réquérir aucun dépens pour leurs pourſuites ou procédures, & les Officiers ne peuvent en prononcer à leur profit, ſous quelque dénomination que ce ſoit, à peine de reſtitution. *Arrêt du Conſeil du* 21 *Février* 1758.

En Lorraine, il y a un uſage contraire.

R

RAPPORTS ou PROCES-VERBAUX DES GARDES. *Voyez*, Le Chapitre II. Section. V. en ce qui concerne les formalités nécessaires pour qu'un Rapport soit régulier.

Un Rapport ne seroit pas nul pour n'avoir pas été déposé au Greffe dans les délais prescrits, parce qu'ils n'ont été fixés que pour soutenir la vigilence & l'activité des Gardes. *Arrêt du Conseil du 2 Septembre 1749.*

REBELLION A LA JUSTICE. 1. Tous particuliers sans distinction, qui ont troublé les Officiers des Chasses dans leurs fonctions, ou qui leur ont fait violence pour se maintenir dans le droit de Chasse par eux usurpé, doivent être condamné pour la premiere fois en trois cens livres d'amende, & pour la seconde privés de tous droits de Chasse sur leurs Terres riveraines, sauf plus grande peine s'il y a lieu. TIT. 30. *Art.* 34.

2. Il est défendu pareillement de faire aucune violence aux Gardes de Bois & de Pêche, ni de les troubler dans leurs fonctions, à peine d'être punis suivant

R

la rigueur des Ordonnances. Tit. 10. *Art.* 13.

RECELEURS DE GIBIER. Doivent être punis des mêmes peines que les Braconniers qui l'ont tué. *Ordonnance de* 1515. *Art:* 14.

RECOUSSE. Ceux qui entreprennent de retirer par force, des mains des Gardes & Forestiers, les bestiaux saisis pour raison de délits commis dans les bois, doivent être punis corporellement comme coupables de rébellion à Justice. *Ordonnance de* 1544. *Art.* 8.

RELIGIEUX. Les Religieux qui troublent les Officiers des Chasses dans leurs fonctions, en leur faisant quelque violence, doivent être éloignés, pour la premiere fois, des Forêts & Plaines de quatre lieues, en récidive de dix lieues, par saisie du temporel du Monastere. Tit. 30. *Art.* 35.

REMANENS. Les Remanens, Branchages & Houpiers des arbres délivrés pour réparation de Bâtimens, doivent être vendus au Siége de la Maîtrise avec les formalités ordinaires, sans que le Bûcherons puissent en disposer, sous quelque prétexte que ce soit, à peine d'amende, & de restitution du double, dont le Délivrataire ou Entrepreneur est civilement responsable. TIT. 21. *Art.* 5.

RÉPONSE D'UNE VENTE. Voyez, *Adjudicataires*, N°. 8.

RIVERAINS Les Riverains des Forêts du Roi, sont obligés de se fossoyer, à peine de réunion. TIT. 27. *Art.* 4.

RIVIERES. 1. Il est defendu sous peine de cent livres d'amende, de tirer des terres, sables & autres matériaux, à six toises près des rivieres. TIT. 27. *Art.* 40.

2. Il est interdit à toutes personnes de faire, sans permission, des Moulins, Bâtardeaux, Ecluses, Gords, Pertuis, Murs, Plants d'arbres, amas de pierres, terres & fascines, ni autres constructions nuisibles au cours-d'eau dans les Fleuves & Rivieres navigables & flottables, ni même d'y jetter aucunes ordures & im-

mondices, ou d'en amasser sur les Quais & Rivages. à peine d'amende. Il est enjoint au Procureur du Roi de les faire ôter aux frais & dépens de ceux qui les ont faits, à peine de cinq cens livres d'amende, tant contre les Particuliers que contre le Juge & le Procureur du Roi, qui ont négligé de réprimer ces abus. *Ibid. Art.* 42 & 43.

3. Il est défendu de détourner l'eau des Rivieres navigables ou d'en affoiblir le cours par des tranchées, fossés & canaux, à peine contre les contrevenans, d'être punis comme usurpateurs, & les choses réparées à leurs dépens. *Ibid. Art* 44

4. Les Propriétaires des héritages aboutissans aux Rivieres navigables, doivent laisser le long des bords, vingt quatre pieds au moins de place en largeur, pour chemin royal & trait des chevaux, sans qu'ils puissent planter des arbres, ni tenir clôture ni haye plus près que de trente pieds du côté que les Bâteaux se tirent, & dix pieds de l'autre bord, à peine de cinq cens livres d'amende, de confisca-

R

tion des arbres, & d'être les contrevenans condamnés à reparer & remettre les chemins en état à leurs frais. TIT. 28. *Art.* 7.

ROUISSAGE DES CHANVRES. Il est défendu sous peine de cinquante livres d'amende, de faire rouir dans les Rivieres, du Chanvre & du Lin. *Arrêts du Conseil des 26 Février 1732, 28 Décembre 1756, & 31 Janvier 1757.*

S

SABLES. Il est défendu de tirer du Sable à six toises près de Rivieres navigables, à peine de cent livres d'amende. TIT 27. *Art.* 40.

SALPETIERS. L'Article 13 du Titre 27 de l'Ordonnance de 1669 défendoit aux Salpêtriers & Poudriers de prendre dans les Forêts sous aucun prétexte, du bois verd ou sec, à peine de cinq cens livres d'amende. Depuis cette défense, il a été permis aux Commissaires des Poudres & Salpêtres, de faire couper avec des serpettes dans les Fo-

S

rêts du Roi, des Gens-de-main-morte & des Particuliers, du bois de Bourdaine de l'âge de trois ou quatre ans, après en avoir obtenu la permission du Grand-Maître, ou des Officiers des Maîtrises & des Particuliers; mais seulement en présence des Gardes, & à charge de payer comptant ledit bois coupé sur le pied des bourrées marchandes, & en outre, de payer la journée des Gardes, avec défense aux Préposés des Commissaires de se servir d'autres ferremens que de serpettes, & de faire dans le bois aucune nouvelle route, à peine de confiscation des outils, de cinq cens livres d'amende pour la premiere fois, & du double en récidive, dont le Commissaire est responsable. *Arrêts du Conseil des 11 Janvier 1689, 23 Août 1701, & 29 Décembre 1705.*

SECRETAIRES DES GRANDS-MAITRES. Il leur est défendu de délivrer aucune expédition des Adjudications des Ventes de bois, ni d'exiger aucun droit pour raison de ce, ni pour les certificats de service des Officiers &

S

Gardes, à peine de concussion, de restitution du quadruple, & de cinq cens livres d'amende. *Arrêts du Conseil des 5 Aout 1704, & 26 Février 1707.*

SEIGNEURS. 1. Il est défendu aux Seigneurs & à tous Particuliers, Propriétaires de bois, d'exploiter le Taillis au-dessous de dix ans, avec injonction à eux d'y laisser seize Baliveaux par arpent, & dix Réserves dans les Ventes de Futaye, sous les peines de l'Ordonnance. TIT. 26. *Art.* 1.

2. Il est enjoint à tous les Propriétaires de Futayes, d'Arbres épars ou Baliveaux sur Taillis, dans quelque distance qu'ils soient de la Mer, d'en faire six mois avant que de les couper, la déclaration au Greffe de la Maîtrise. Voyez, *Déclaration.*

3. Les Possesseurs des Bois joignans ceux du Roi, sont obligés de déclarer au Greffe de la Maîtrise; le nombre & la qualité qu'ils voudront en vendre chaque année, à peine d'amende & de confiscation. *Ibid. Art.* 4.

S

4. Tous les Propriétaires de Bois joignans les Forêts du Roi, sont tenus de faire sur leur terrein, des fossés de quatre pieds de largeur, & de cinq de profondeur, qu'ils sont obligés d'entretenir, à peine de réunion. TIT. 27. *Art.* 4.

5. Il est enjoint aux Seigneurs, d'ouvrir aux Officiers des Eaux & Forêts, les portes de leurs Châteaux, pour y faire les recherches du bois de délits, à peine de répondre en leurs noms des amendes & intérêts. *Ibid. Art.* 27.

SÉVE. Il est défendu, sous peine de confiscation & d'amende, de couper aucun bois pendant la Séve, c'est-à-dire, depuis le quinze d'Avril jusqu'au quinze d'Octobre *Reglement de la Table de Marbre du 4 Septembre 1601, & Ordonnance de 1669.* TIT. 15. *Art.* 40.

SOLDATS. Les Soldats délinquans dans les Forêts, doivent être remis, par les Commandans du Corps, aux Officiers des Eaux & Forêts, sans que ces Commandans puissent les refuser, sous aucun prétexte ni privilége, à peine de

S

répondre en leurs noms des amendes & restitution. TIT. 27. *Art.* 25.

SOUCHES. Il est défendu, sous peine de mille livres d'amende, d'écuisser, extirper ni d'arracher, sous tel prétexte que ce soit, aucune Souche dans les Forêts. *Arrêt du Conseil du 29 Juillet* 174

SOUCHETEURS. Il est ordonné aux Soucheteurs de dresser lors des Recollemens, un Procès-verbal des délits qu'ils trouveront avoir été commis, pendant l'exploitation, dans la Réponse des Ventes, avec mention des qualité, espéce & grosseur des arbres coupés, sans qu'ils peissent en omettre aucun, à peine du quadruple de la valeur des Délits omis dans leur Procès-verbal. TIT. 16. *Art.* 4.

T

TABLE DE MARBRE. 1. Il est défendu aux Tables de Marbre de surseoir sur l'Appel, l'éxécution du Jugement rendu pour délits, malversations, confiscation, & destitution, à peine d'in-

T.

terdiction & d'amende. TIT. 13. *Art.* 9.

2. Il ne leur eſt pas permis de connoître en premiere inſtance des affaires d'Eaux & Forêts, ni de donner ou adreſſer ſur l'Appel des commiſſions à d'autres qu'aux Officiers des Maîtriſes, ou à défaut, qu'aux Juges-Royaux des lieux, à peine de nullité & de répondre des dommages & intérêts. *Ibid. Art.* 9 *&* 10 *Arrêt du Conſeil du* 27. *Janvier* 1692.

3. Il leur eſt expreſſement défendu, ſous peine de concuſſion, de prendre pour la reception des Officiers des Maîtriſes & autres, plus grands Droits que ceux qu'ils ſont autoriſés par les Réglemens de prendre, ni de recevoir aucun préſent, ſous tel prétexte que ce ſoit. *Ibid. Art.* 11.

4. Il leur eſt enjoint de faire dans un mois après la diſtribution, le rapport des affaires dont ils ſont chargés, à peine d'en répondre en leurs propres & privés noms. TIT. 14. *Art.* 3.

TERRES. Il eſt défendu de tirer des terres à ſix toiſes près des Rivieres navigables, à peine de cent livres d'amende, ni d'en enlever dans l'étendue & aux reins des Forêts, à peine de cinq cens livres d'amende. TIT. 27. *Art.* 12. & 40.

TRANCHÉES. 1. Les Tranchées des Arpenteurs ne doivent pas avoir plus de trois pieds, à peine de cent livres d'amende contre l'Arpenteur, & de restitution du quadruple. TIT. 15. *Art.* 7.

2. Le bois coupé dans ces tranchées, doit être au profit de l'Adjudicataire, sans que l'Arpenteur ni le Garde puissent en profiter, à peine de cent livres d'amende & d'interdiction. *Ibid Art.* 8.

TROUBLES. Voyez, *Rébellion*, *Recousse*.

Il est défendu de troubler les Adjudicataires des bois dans leur exploitation, sous telle peine qu'il appartiendra.

V

VAGABONS, Voyez, *Inutiles*.

VANNIER. 1. Les Vanniers ne peuvent s'établir dans la distance de demi-

V

lieue des Forêts. Voyez, *Forêts*, N°. 5.

2. Il leur est défendu ainsi qu'aux faiseurs de Paniers, d'employer dans les ouvrages de leurs métiers, le bois de Bourdaine, à peine de trois cens livres d'amende & de confiscation des ouvrages, où il aura été employé, ainsi que de ce bois qu'ils auront en possession. *Arrêt du Conseil du* 7 *Mai* 1709.

VIGNES. Il est défendu sous peine de cinq cens livres d'amende, de chasser dans les Vignes, depuis le premier de Mai, jusqu'après la dépouille. TIT. 30. *Art.* 18.

VOLEURS DE POISSONS. Ceux qui forcent les Boutiques & les Réservoirs des Pêcheurs, pour y prendre le poisson, se rendent coupable d'un vol d'autant plus grave, qu'il ne peut se faire sans effraction, & ils doivent être punis comme voleurs.

USAGERS. 1, Il est défendu aux Usager d'envoyer paître leurs Bestiaux dans les bois, ailleurs que dans les contrées désignées par les Officiers, à peine

N

de confiſcation & de privation du droit d'Uſage. TIT. 19. *Art.* 4.

2. Les Uſagers ne doivent jouir de leur droit de Pâturage que pour les Beſtiaux de leur nourriture, & non pour ceux dont ils font trafic & commerce, à peine d'amende & de confiſcation *Ibid. Art.* 14.

3. Les Uſagers ne peuvent jouir du droit de Chauffage, que conformément à l'état arrêté au Conſeil, à peine de reſtitution du quadruple contre ceux qui l'auroient reçu, ſans être compris ſur l'état. TIT. 20. *Art.* 7.

4. Les Uſagers ne peuvent point abattre les Glands, Feines & autres fruits des arbres, à peine de cent livres d'amende. TIT. 27. *Art.* 27.

5. Il eſt défendu aux Uſagers de couper, prendre, ni d'enléver d'autres bois que celui qui eſt giſant, à peine d'amende arbitraire, reſtitution, dommages & intérêts, & de privation de droit d'uſage. *Ibid. Art.* 33.

5. Il eſt défendu auſſi aux Uſagers &

T

à tous autres, de se trouver pendant la nuit dans les Forêts hors des Routes & grands Chemins, avec serpes, haches, scies ou coignées, à peine d'être emprisonnés, & de six livres d'amende pour la premiere fois, de vingt livres pour la seconde, & de bannissement de la Forêt pour la troisiéme. *Ibid. Art.* 34.

FIN.

PRIVILEGE.

LOUIS, PAR LA GRACE DE DIEU, ROI DE FRANCE ET DE NAVARRE, à nos amés & féaux Conseillers les Gens tenans nos Cours de Parlement, Maîtres des Requêtes ordinaires de notre Hôtel, Grand-Conseil, Prévôt de Paris, Baillifs, Sénéchaux, leurs Lieutenans Civils & autres nos Justiciers qu'il appartiendra : SALUT. Notre bien Amé le Sr. HENRIQUEZ, Avocat au Parlement Nous a fait exposer qu'il desireroit faire imprimer & donner au Public, *Le Traité des Grueries Seigneuriales*, ou *Commentaire sur la Déclaration du Roi du huit Janvier 1715.* &c. *& le Manuel des Eaux & Forêts*, de sa Composition ; s'il nous plaisoit lui accorder nos Lettres de Privilége pour ce nécessaires. A CES CAUSES, voulant favorablement traiter l'Exposant, nous lui avons permis & permettons de faire imprimer lesdites Ouvrages autant de fois que bon lui semblera, & de le vendre, faire vendre par tout notre Royaume. Voulons qu'il jouisse de l'effet du présent Privilége, pour lui & ses hoirs à perpétuité, pourvu qu'il ne le rétrocede à personne ; & si cependant il jugeoit à propos d'en faire une cession, l'Acte qui la contiendra sera enregistré en la Chambre Syndicale de Paris, à peine de nullité, tant du Privilége que de la cession ; & alors par le fait seul de la cession enregistrée, la durée du présent Privilége sera réduite à celle de la vie de l'Exposant, ou à celle de dix années à compter de ce jour, si l'Exposant décede avant l'expiration desdites dix années. Le tout conformément aux articles IV & V de l'Arrêt du Conseil du 30 Août 1777, portant Réglement sur la durée des Priviléges en Librairie. FAISONS défenses à tous Imprimeurs, Libraires & autres personnes de quelque qualité & condition qu'elles soient, d'en introduire d'impression étrangere dans aucun lieu de notre obéissance; comme aussi d'imprimer ou faire imprimer, vendre, faire vendre, débiter ni contrefaire lesdits Ouvrages sous quelque prétexte que ce puisse être, sans la permission expresse & par écrit dudit Exposant, ou de celui qui le représentera, à peine de saisie & de confiscation des exemplaires contrefaits, de six mille livres d'amende, qui ne pourra être modérée, pour la premiere fois, de pareille amende & de déchéance d'état en cas de récidive, & de tous dépens, dommages & intérêts, conformément à l'Arrêt du Conseil du 30 Août 1777, concernant les Contrefaçons. A la charge que ces Présentes seront enregistrées tout au long sur le Registre de la Communauté des Imprimeurs & Libraires de Paris, dans trois mois de la date d'icelles; que l'impression desdits Ouvrages sera faite dans notre Royaume & non ailleurs, en beau papier & beaux caracteres, conformément aux Réglemens de la Librairie, à peine de déchéance du présent Privilége: qu'avant de l'exposer en vente, le manuscrit qui aura servi de copie à l'impression desdits Ouvrages sera remis dans le même état où l'Approbation y aura été donnée ès-mains de notre très cher & féal Chevalier, Garde des Sceaux de France, le sieur HUE

DE MIROMESNIL, Commandeur de nos Ordres; qu'il en sera ensuite remis deux exemplaires dans notre Bibliothéque publique, un dans celle de notre Château du Louvre, un dans celle de notre très cher & féal Chévalier, Chancelier de France, le sieur DE MAUPEOU, & un dans celle dudit sieur HUE DE MIROMESNIL. Le tout à peine de nullité des Présentes; du contenu desquelles vous mandons & enjoignons de faire jouir ledit Exposant & ses hoirs pleinement & paisiblement, sans souffrir qu'il leur soit fait aucun trouble ou empêchement. VOULONS que la copie des Présentes, qui sera imprimé tout au long au commencement ou à la fin desdits Ouvrages, soit tenue pour duement signifiée, & qu'aux copies collationnées par l'un de nos amés & féaux Conseillers-Secrétaires, foi soit ajoutée comme à l'original. COMMANDONS au premier notre Huissier ou Sergent sur ce requis, de faire pour l'exécution d'icelles, tous Actes requis & nécessaires, sans demander autre permission, & nonobstant clameur de Haro, Charte Normande, & Lettres à ce contraires. Car tel est notre plaisir. Donné à Versailles le troisieme jour du mois de Mars l'an de grace mil sept cent quatre-vingt-quatre & de notre Regne le dixieme, Par le Roi, en son Conseil.

LE BEGUE.

Ragistré sur le Regístre XXII de la Chambre-Royale & Syndicale des Libraires & Imprimeurs de Paris, No. 2929, & 3012. *conformement aux dispositions énoçâées dans le présent Privilége, & à la charge de remettre à ladite Chambre, les huit Exemplaires prescrits par l'Article CVIII. du Rég'ement de 1723, A Paris le seize Mars 1784.* LE CLERC. Syndic.

www.ingramcontent.com/pod-product-compliance
Ingram Content Group UK Ltd.
Pitfield, Milton Keynes, MK11 3LW, UK
UKHW022024170726
13837UKWH00001B/376

9 782329 294445